Wolfgang Knape

Welterbestadt
WEIMAR

Ein Führer durch die Stadt der Klassiker

Inhalt

Geschichte	4
Ehemaliges Residenzschloss	12
Schlossmuseum	15
Platz der Demokratie	17
Herzogin Anna Amalia Bibliothek	18
Das Rote und das Gelbe Schloss	22
Marktplatz	24
Stadtkirche St. Peter und St. Paul (Herderkirche)	29
Herderplatz	32
Jakobskirche und Friedhof	34
Neues Museum und Gauforum	36
Weimarhalle und Stadtmuseum	38
Goetheplatz	40
Theaterplatz	43
Schiller-Haus	46
Frauenplan	48
Goethe-Haus	49
Historischer Friedhof	51
Bauhausbauten und Universität	54
Liszt-Haus	56
Park an der Ilm	58
Goethes Gartenhaus	63
Kegelplatz	64
Bienenmuseum und Feininger	65
Stadtrundgänge	66
Ausflüge in die Umgebung	70

    Gedenkstätte Buchenwald 70   Schloss und Park Tiefurt 71
    Schloss Belvedere 71   Wielandgut Oßmannstedt 71
    Rad- und Wanderwege 71

Wander- und Fahrradkarte Ettersberg	72/73
Öffnungszeiten • Adressen • Tipps	74
Straßenverzeichnis zum Cityplan	80

Geschichte

Die Frau aus dem Travertin

Auch wenn man nicht zu denen gehören sollte, die täglich mit Goethe ins Bett gehen oder beim Aufwachen ein Schiller-Zitat auf den Lippen haben: Zu Weimar fällt jedem sofort etwas ein! An keinem anderen Ort fühlt man sich der Geschichte des vergangenen Jahrhunderts und dem literarischen Erbe schließlich so nahe wie hier. Nirgendwo anders präsentieren sich Bildende Künste und musikalische Traditionen, Architektur und Landschaftsgärtnerei in einer solchen Vielfalt und Fülle und auf so engem Raum!

Dann ist da noch diese „Frau aus dem Travertin", deren Schädelteile man im Steinbruch von Ehringsdorf fand. Rund 220 000 Jahre hatte die knapp Dreißigjährige im Kalkstein bei Weimar gelegen. Rekonstruiert und als lebensgroße Hockerin nachgebildet, bekam sie einen Ehrenplatz im Museum für Ur- und Frühgeschichte und wird nun als „älteste Weimarerin" verehrt. Von den Lebensumständen dieser sapiensartigen Vormenschen ist nichts bekannt.

Jüngere Funde sind da schon redseliger, und als Siedlungsplatz war die Gegend um Weimar stets begehrt. Zu Beginn der christlichen Zeitrechnung befand sich hier eines der Zentren, wenn nicht gar der Mittelpunkt des Thüringer Königreiches. Das wurde 531 von Sachsen und Franken zerschlagen. Mit den fränkischen Eroberern hielt das Christentum Einzug. In Weimars ältestem Stadtteil, dem Jakobsviertel, stieß man auf einen Siedlungskern aus fränkischer Zeit. Eine frühchristliche Kapelle existierte vermutlich auch und am Flussufer stand eine wehrhafte Burg. In der hielt Kaiser Otto II. 975 einen Hoftag ab. Ein inzwischen entdecktes älteres Dokument belegt Weimars Existenz nun schon für das Jahr 899.

1168 wurde im Jakobsviertel eine dem Apostel Jakobus geweihte Kirche errichtet. Die Stadtkirche St. Peter und Paul in der heutigen Altstadt entstand erst achtzig Jahre danach. Ab 1254 nannte man „Wimare" eine befestigte Siedlung, die man sich noch um die Burg vorzustellen hat. Das Jakobsviertel wurde später einbezogen. Ein Kloster als Grablege der Grafen von Orlamünde ist schon seit 1244 belegt. Als die Grafen von Weimar und Orlamünde ausstarben, fiel ihr Besitz an die Wettiner. Diese erteilten Weimar 1410 das Stadtrecht. 1485 kam es zur Aufspaltung der wettinischen Lande in eine albertinische und eine ernestinische Linie. Herzog Albrecht erhielt das Kernland mit Meißen; sein Bruder Ernst die Kurwürde nebst Thüringen und dem Kurland Sachsen-Wittenberg. Von da an residierte Ernst als Kurfürst abwechselnd an der Elbe und an der Ilm.

„Älteste Weimarerin"

In den religiösen Auseinandersetzungen standen die Ernestiner fest an Luthers Seite. Der weilte einige Male in Weimar. Auch 1521, da war er auf dem Wege nach Worms. Luther predigte mehrfach in der Stadt und besprach sich mit den Fürsten auf dem Schloss. 1531 wurde zur Verteidigung der Reformation der Schmalkaldische Bund gegründet. 1547 unterlag Kurfürst Johann Friedrich I. in der Schlacht bei Mühlberg dem kaiserlichen Heer. Er verlor Wittenberg und die Kurwürde. Aus fünfjähriger Gefangenschaft entlassen, zog er mit seinen Getreuen, unter ihnen der greise Lucas Cranach d. Ä., am 6. September 1552 in Weimar ein, das nun die Hauptstadt seines geschrumpften Herzogtums werden sollte.

Cranach begann sofort mit der Schaffung eines Altarbildes für die Stadtkirche, Johann Friedrich mit dem Ausbau der Burganlage zu einem Schloss. Beide starben nach kurzer Zeit. Des Herzogs zweiter Sohn Johann Wilhelm setzte das Werk des Vaters fort. Als fürstliche Wohnanlage entstand das Grüne Schloss, in das zwei Jahrhunderte später unter der Regentschaft der Herzogin Anna Amalia eine einzigartige Bibliothek einziehen sollte. Für wertvolle Bücher, Wissenschaft und Kunst hatte man aber schon lange vor der Ankunft der Herzogin und dem Erscheinen der Herren Wieland, Goethe, Herder und Schiller in Weimar etwas übrig. So war 1617 die „Fruchtbringende Gesellschaft zur Förderung und Pflege der deutschen Sprache und Literatur" gegründet worden.

Unter Herzog Wilhelm Ernst (1662-1728) wurde der Grundstock für die Kunstsammlungen gelegt. Man liebte das Theaterspiel. Ab 1695 befand sich Deutschlands erste Opernbühne im Weimarer Schloss und es gab eine Hofkapelle. In der spielte der junge Bach bereits 1703 kurzzeitig als Violinist. 1708 ließ sich der Dreiundzwanzigjährige endgültig in Weimar nieder, engagiert als Konzertmeister und Hoforganist, als Orgelsachverständiger, Orgellehrer und Kom-

Grabplatte von Lucas Cranach d. Ä.

ponist. Die meisten Bach-Kinder wurden in Weimar geboren, ein Großteil der Orgelkompositionen und Orchestermusiken entstand ebenfalls hier. Als man Bach bei der Neubesetzung der Kapellmeisterstelle überging, bewarb er sich bei Fürst Leopold in Köthen. Der Herzog war verärgert und warf ihn in den Turm. Erst nach Wochen kam Bach wieder frei; sein neuer Arbeitgeber hatte ein Wort für ihn eingelegt.

Von den Vorzügen junger Witwen

1756 heiratete die sechszehnjährige Anna Amalia von Braunschweig-Wolfenbüttel Ernst August II. Constantin von Sachsen-Weimar. Ein Jahr später wurde der Erbprinz Carl August geboren, 1758 dessen Bruder Constantin. Doch da war der Vater bereits tot und die neunzehnjährige Mutter Witwe. Anna Amalia übernahm die vormundschaftliche Regentschaft für den minderjährigen Erben. An einem bedeutenderen Hofe aufgewachsen, sah sie es als vordringliche

Aufgabe an, das Herzogtum, zu dem seit 1741 auch Eisenach gehörte, gründlich zu reformieren. Mit weiblicher Intuition, mit dem Charme einer jungen Witwe und der Begeisterung für die Ideale der Aufklärung machte sie Weimar zum „Musenhof".

1763 holte sie den 28-jährigen Johann Carl August Musäus als Pagenerzieher nach Weimar. Musäus galt als geistreicher Schriftsteller und gab auch auf der Bühne ihres „Liebhaber-Theaters" (wo man sich selbst zur Freude spielte) eine gute Figur ab. 1772 gelang es der Herzogin, Christoph Martin Wieland als Prinzenerzieher zu gewinnen. Wieland, bis dahin Professor der Philosophie in Erfurt, war der bedeutendste Lyriker und Prosaist der Aufklärungszeit. 1773 gründete er die einflussreiche Literaturzeitschrift „Der Teutsche Merkur". Er holte den neunundzwanzigjährigen Carl Ludwig von Knebel nach Weimar, auf dass er ihn bei der Erziehung unterstütze. Auch Knebel war Schriftsteller und zudem Goethes „Ur-Freund". Im Dezember 1774 brachte er den Erbprinzen in Frankfurt am Main mit dem Verfasser des „Werther" zusammen. Und alles nahm seinen Lauf.

Ab dem 3. September 1775 regierte Carl August, gerade volljährig geworden. Auf dem Wege zu seiner Hochzeit in Darmstadt besuchte er noch einmal den Dichter und überredete ihn zu einem Besuch. Am 7. November 1775 traf Goethe in Weimar ein. Und allein Wieland schien zu ahnen, was sich hier anbahnte! „Goethe ist angelangt! O, bester Bruder, was soll ich Dir sagen. Wie ganz der Mensch beim ersten Anblick nach meinem Herzen war! Wie verliebt ich in ihn wurde, da ich an der Seite des herrlichen Jünglings zu Tische saß!", schrieb er euphorisch in einem Brief und setzte weitsichtig hinzu: „Der göttliche Mensch wird, denk ich, länger bei uns bleiben, als er anfangs selbst dachte, und wenn's möglich ist, dass aus Weimar etwas Gescheites werde, so wird es seine Gegenwart tun."

Goethe eroberte den Hof. Er lernte Charlotte von Stein kennen und wurde der Liebling Anna Amalias. Im Frühling war er noch immer da. Und als ihm der junge Regent ein altes Küferhaus schenkte, waren die Weichen gestellt. Von nun an überschlugen sich die Ereignisse. Carl August wollte den Freund in seine Staatsgeschäfte eingebunden wissen. Im Juni 1776 saß der junge Dr. jur. bereits als frisch ernannter Legationsrat im „Geheimen Consilium". Er wurde alsbald Geheimer Rat, Minister und schließlich auch noch geadelt. Ihm ist es zu danken, dass Johann Gottfried Herder schon 1776 als neuer Hofprediger, Stadtpfarrer und Superintendent nach Weimar kam. Goethe betrieb die Wiederbelebung der Ilmenauer Bergwerke, verbesserte Wasser- und Wegebau, kümmerte sich in Weimar um das Theaterspiel und in Jena um die Universität. Nebenher verfasste er neue Werke.

1786, nach zehnjährigem Engagement für den Kleinstaat, hatte er von Weimar, vom Hof und von der Frau von Stein erst einmal genug und flüchtete nach Italien. Zwei Jahre später kehrte er zurück. Da war er fast vierzig und der Herzog musste ihn um ihrer Freundschaft willen vom Staatsdienst befreien. Die Oberaufsicht über das Theater, über die Kunstinstitute, die Fürstliche Bibliothek und die Universität behielt er weiter in der Hand. Goethe verschaffte dem jüngeren Schiller eine Professur in Jena und holte sich – nicht nur zum Entsetzen seiner Gönnerin und der Frau von Stein – ein „einfaches" Mädchen als Dauer-Geliebte ins Haus.

Obschon das 6 000 Einwohner zählende Weimar der Goethezeit eine irritierende Mischung aus Landstädtchen und Residenz war, versammelten sich hier die wichtigsten Häupter der deutschen Klassik. Wohl kein Literat, kein Künstler, kein Gelehrter von Rang fand in jenen Jahrzehnten nicht den Weg nach Weimar, um diese Männer und ihre Gönner zu treffen. Zu den Weimarer Mäzenen gehörte auch der Gelehrte, Cervantes-

Übersetzer und Unternehmer Friedrich Justin Bertuch, der schon 1774 die Gründung einer Fürstlichen Zeichenschule angeregt hatte und in dessen Kunstblumenfabrik die spätere Frau Geheimrätin von Goethe als junges Mädchen beschäftigt war.

Von Musikern, Malern und Mäzenen

1815 wurde Sachsen-Weimar-Eisenach ein Großherzogtum. Carl August beschenkte als erster deutscher Fürst seine Untertanen mit einer Verfassung. Nach seinem Tod übernahm der 1783 geborene Sohn Carl Friedrich die Regierungsgeschäfte. Ihm zur Seite stand die russische Zarentochter Maria Pawlowna. Die beiden hatten im August 1804 in St. Petersburg geheiratet. Am 9. November zog das Brautpaar in Weimar ein. Die 18-jährige Großfürstin war ein Glücksfall für das Herzogtum. Sie liebte die Künste, sie besaß Geist, war reich und wunderschön. Die gesamte Weimarer Prominenz lag ihr zu Füßen. Schiller verfasste ein Huldigungsgedicht und Anna Amalia nannte sie einen „wahre(n) Schatz"!

Was da genau für ein „Schatz" nach Weimar geholt worden war, stellte sich erst nach und nach heraus. So sorgte Maria Pawlowna 1819 dafür, dass Johann Nepomuk Hummel, der bedeutendste Klaviervirtuose seiner Zeit, die Stelle des Großherzoglichen Hofkapellmeisters bekam. Aus ihrer persönlichen Schatulle zahlte sie sein Salär. Unter Hummel, einem Schüler Mozarts und Beethovens Freund, entwickelte sich Weimar zu einem Zentrum der Musik. 1841 gab Franz Liszt im Theater sein erstes Konzert. Maria Pawlowna war vom Spiel des Dreißigjährigen derart ergriffen, dass sie ihm – Hummel war tot – die Stelle eines „außerordentlichen Hofkapellmeisters" antrug. Liszt nahm an, zog aber erst 1848 nach Weimar.

Auf das „Goldene Zeitalter der Klassik" folgte nun das „Silberne" der Musik. Das komfortable Wohnhaus über der Ilm, in dem Liszt mit seiner Geliebten, der russischen Fürstin Carolyne von Sayn-Wittgenstein, lebte, wurde Weimars neuer geistig-kultureller Mittelpunkt. In dem Jahrzehnt als Kapellmeister und Operndirektor brachte es Liszt auf 35 Erstaufführungen. Er setzte die Uraufführung von Wagners „Lohengrin" durch, verhalf dem „Tannhäuser" zum Durchbruch und dem steckbrieflich gesuchten Komponisten 1849 zur Flucht. Mit Hoffmann von Fallersleben gründete er den „Neu-Weimar-Verein". Man wollte Literatur, Kunst und Wissenschaft miteinander verbinden, junge Musiker fördern, eine Lanze für zeitgenössische Musik brechen. Liszt war der Präsident. Doch gegen die Dominanz des Sprechtheaters richtete auch er letztendlich nichts aus. 1861 verließ er grollend die Stadt und ging nach Rom.

Acht Jahre später gelang es Carl Alexander und seiner Frau Sophie, den Komponisten wieder an Weimar zu binden. Der Großherzog eröffnete 1872 auf Liszts Anregung hin eine Schule für Orchestermusiker, die sich später auch des Dirigenten- und Sängernachwuchses annahm und deutschlandweit einmalig war. 1930 entstand daraus die „Hochschule für Musik", deren Tradition bis in die Gegenwart reicht. Schon 1860 war mit der Großherzoglichen Kunstschule eine Einrichtung gegründet worden, die großen Einfluss auf das künstlerische Leben hatte und die Hinwendung zur Freilichtmalerei förderte (Weimarer Malerschule).

Eine Zäsur brachte das Jahr 1885. Am 14. April starb mit Walther Wolfgang von Goethe der letzte Enkel des Dichters. Das Haus am Frauenplan nebst den Sammlungen zur Natur- und Kunstwissenschaft vererbte er dem Großherzogtum Sachsen-Weimar-Eisenach und damit dem Staat. Den handschriftlichen Nachlass erhielt die Großherzogin Sophie. Unter dem Patronat von Carl Alexander wurde der „Verein von Goethe-Freunden und Goethe-Forschern" ins Leben gerufen, aus dem die bis heute so segensreich wirkende „Goethe-Gesellschaft in Weimar" hervor-

*Th. M. G. Goetz, Weimar von der Nordseite mit dem Bau der Straße nach Jena
Kolorierte Radierung um 1840*

ging. Die Großherzogin veranlasste indes die Schaffung eines „Goethe-Archivs", um die Niederschriften des Dichters (später auch die Friedrich Schillers) für die Forschung bereit zu halten.

1885 wurde das Goethe-Nationalmuseum gegründet. 1887 erschien der erste Band der 1919 abgeschlossenen 143-bändigen „Sophienausgabe" der Goetheschen Werke, an der im ersten Jahrzehnt auch der Begründer der Anthroposophie Rudolf Steiner maßgeblich beteiligt war. 1896 wurde das neoklassizistische Gebäude für das Goethe-Schiller-Archiv eingeweiht. Kurz darauf starb die Großherzogin Sophie, 1901 auch ihr Gemahl. Fast fünfzig Jahre hatte Carl Alexander das Land regiert. Sein Nachfolger Wilhelm Ernst brachte es nur noch auf siebzehn. 1918 dankte er ab.

Bereits um die Jahrhundertwende war ein besessener Kunstfreund, Weltreisender und Mäzen nach Weimar gekommen. Harry Graf Kessler, eine wahrhaft schillernde Persönlichkeit, leitete einige Jahre das Großherzogliche Museum für Kunst und Kunstgewerbe sowie das Kunstkabinett. 1902 holte er den belgischen Designer-Pionier und Jugendstil-Architekten Henry van de Velde nach Weimar. Ein Zeitalter der „künstlerischen Avantgarde" schwebte ihnen vor. Der Verein „Neues Weimar" wurde gegründet, der Deutsche Künstlerbund ins Leben gerufen. Kessler organisierte sensationelle Ausstellungen, die in der Fachwelt für großes Aufsehen sorgten, beim Großherzog und der Mehrheit des hiesigen Publikums allerdings auf wenig Gegenliebe stießen. Dennoch blieb Kesslers Einfluss auf das Kunstleben groß.

Zu gleicher Zeit entwarf Henry van de Velde die Pläne für den Bau einer Kunstgewerbeschule, deren Direktor er wurde. Van de

Velde gilt als Meister des Jugendstils und hinterließ auch in Weimar eindrucksvolle Spuren. Bei Ausbruch des Ersten Weltkrieges verließ er das Land. Walter Gropius übernahm die Leitung der Einrichtung und führte diese 1919 mit der Hochschule für bildende Künste zum „Staatlichen Bauhaus Weimar" zusammen. Namhafte Architekten und Künstler wie Kandinsky, Feininger und Klee kamen als Lehrer in die beschauliche Stadt, von der für einige Jahre wesentliche Impulse für die Moderne ausgehen sollten.

Von der Republik in die Diktatur

Zu einem Impulsgeber wurde Weimar aber auch in politischer Hinsicht. Bei der Gründung der Republik fiel der Stadt eine Schlüsselrolle zu. In Berlin tobten die Januarkämpfe; Liebknecht und Luxemburg waren ermordet worden. In dieser aufgeheizten Situation wurde am 19. Januar 1919 die Verfassungsgebende Deutsche Nationalversammlung gewählt. Da man aber in der Hauptstadt nicht unbehelligt zusammenkommen konnte, entschied man sich für Weimar als Tagungsort. Die Stadt war gut zu schützen und hatte außerdem den Bonus der Klassikerstadt. Friedrich Ebert sah in der Entscheidung für Weimar „eine Art Geniestreich", den das Ausland honorieren würde. So tagte das erste demokratisch gewählte Parlament vom 6. Februar an im Deutschen Nationaltheater. Am 31. Juli wurde die ausgehandelte Verfassung mit 262 Ja- gegen 75 Nein-Stimmen angenommen und am 11. August vom Reichspräsidenten Friedrich Ebert unterzeichnet.

Mit der Abdankung des Regenten im November 1918 war auch das Ende des Großherzogtums besiegelt worden. Am 4. Januar 1920 wurde das Land Thüringen neu gegründet und Weimar zur Landeshauptstadt erklärt. In den politischen Auseinandersetzungen der Zwanzigerjahre verhielt man sich zumeist deutsch-national und konservativ. Da mussten die „Bauhäusler" irgendwann anecken. Als man der Schule 1925 den Geldhahn zudrehte, zog Gropius mit dem Bauhaus nach Dessau.

Die folgenden Landtagswahlen brachten der NSDAP große Gewinne. Auf ihrem in Weimar veranstalteten ersten Reichsparteitag führte Hitler den „deutschen Gruß" ein. Dass dieser Parteitag am Gründungsort der verhassten Weimarer Republik und sogar im Deutschen Nationaltheater stattfand, erfüllte die Delegierten mit Genugtuung. 1930 trat die NSDAP in Thüringen in die Regierung ein. Bei den Reichstagswahlen 1932 brachte es die Partei in Weimar auf 44 Prozent!

Der Festredner zur „Reichsfeier" für Goethe hieß Thomas Mann. Am 21. März stand der Schriftsteller auf dem Podium der kurz zuvor eingeweihten Weimarhalle. Dass „Pazifisten und Juden" die Wortführer bei dieser Ehrung seien, wurde auf Handzetteln als Verhöhnung der nationalsozialistischen und nationalen Einwohnerschaft angeprangert. Ein Jahr später brannten vor dem Deutschen Nationaltheater auch die Bücher von Thomas Mann ...

Im Juli 1937 wurde nördlich von Weimar mit der Errichtung des Konzentrationslagers „K. L. Ettersberg" begonnen. Einige Kulturhüter zeigten sich ob des Namens ernsthaft besorgt. Der Ettersberg, hieß es, stünde auf ewig „mit dem Leben des Dichters Goethe in Zusammenhang". Sie bemühten sich daher beim Reichsführer-SS um eine Namenskorrektur. Mit Erfolg, wie man weiß.

In das Konzentrationslager Buchenwald wurden bis 1945 mehr als 250 000 Häftlinge aus über dreißig Nationen verschleppt. Mehr als fünfzigtausend von ihnen wurden ermordet oder fanden auf grauenvolle andere Art den Tod. Am 11. April 1945 befreiten Einheiten der 3. US-Armee das Lager und besetzten die Stadt. Anfang Juli kam auch Thüringen unter sowjetische Militärverwaltung. Jetzt richtete das NKWD (Volkskommissariat für Inneres) in Buchenwald das Speziallager Nr. 2 ein. Anfangs als Internierungslager für ehemalige Nazis gedacht, wurde es zunehmend auch ein Lager für Regimegegner.

1958 wurde auf dem Ettersberg die Mahn- und Gedenkstätte Buchenwald eingeweiht. Alljährlich im April treffen sich hier ehemalige Häftlinge des Konzentrationslagers, zu denen auch der Schriftsteller und frühere spanische Kulturminister Jorge Semprún, die Nobelpreisträger Imre Kertesz und Elie Wiesel sowie der 2013 verstorbene Stéphane Hessel gehörten. Sie gedenken der Befreiung des Lagers und erneuern den „Schwur von Buchenwald".

Schatzkammer und Weltkulturerbe

Weimar ist wie ein Brennglas, durch das man die Zeitläufte betrachten kann. Als Ende der Achtzigerjahre die Unzufriedenheit im Lande immer mehr zunahm und der Niedergang des kleineren deutschen Teilstaates nicht mehr aufzuhalten war, trugen auch die Weimarer ihren Protest auf die Straße. Und als die Menschen zuhauf das Land verließen, hatte einer der beiden Dichter auf dem Theaterplatz ein Pappschild vor der Brust, auf dem nur drei Worte standen: „Wir bleiben hier!"

Die Ereignisse überschlugen sich: Vom dritten Oktober 1990 an lag Weimar wieder im Herzen des vereinten Deutschlands. Der Freistaat Thüringen feierte seine Wiederauferstehung; Erfurt wurde Landeshauptstadt. Weimar mit seinen inzwischen knapp 65 000 Einwohnern erhielt den Status einer Freien Kreisstadt. Als Rechtsnachfolgerin der seit 1953 existierenden Nationalen Forschungs- und Gedenkstätten der klassischen deutschen Literatur in Weimar wurde im Oktober 1991 die „Stiftung Weimarer Klassik" gegründet. Sie fusionierte 2003 mit den Staatlichen Kunstsammlungen zu Weimar. Mehr als zwanzig Museen und historische Häuser, Schlösser, Sammlungen sowie Parkanlagen vertritt diese mittlerweile zu „Klassik Stiftung Weimar" umbenannte Einrichtung.

1993 bestimmte der Kulturrat der Europäischen Union Weimar zur „Kulturstadt Europas" im Jahre 1999. Bis dahin gründete sich noch die Bauhaus-Universität Weimar, und die Bauhausstätten in Weimar und Dessau erhielten einen Platz auf der Welterbe-Liste der UNESCO. Diese Wertschätzung erfuhr 1998 auch das Ensemble „Klassisches Weimar", begründet mit der „großen kunsthistorischen Bedeutung öffentlicher und privater Gebäude und Parklandschaften aus der Blütezeit des klassischen Weimar" sowie mit seiner herausragenden Rolle im Geistesleben des späten 18. und frühen 19. Jahrhunderts. 1999 jährte sich der Geburtstag Johann Wolfgang von Goethes zum 250., der Friedrich von Schillers zum 240. und der des Staatlichen Bauhauses Weimar zum achtzigsten Mal. Weimar hatte sich herausgeputzt und schmückte sich ein Jahr lang mit dem Titel „Kulturstadt Europas".

Nur fünf Jahre später brach im Dachstuhl der historischen Herzogin Anna Amalia Bibliothek ein Großfeuer aus. Die Bilder der brennenden Bibliothek gingen durchs Land und um die Welt und lösten eine ungeahnte Hilfs- und Spendenbereitschaft aus. Am 24. Oktober 2007, dem Geburtstag der Namenspatronin, weihte der damalige Bundespräsident die rekonstruierte Historische Bibliothek mit einer engagierten Rede ein. Seitdem dürfen täglich knapp dreihundert Besucher diesen Teil des Weimarer Weltkulturerbes besichtigen.

Weimar und seine Umgebung sind eine einzigartige Schatzkammer. „Wo finden Sie auf einem so engen Fleck noch so viel Gutes!", hört man Goethe sagen. „Bleiben Sie bei uns! Wählen Sie Weimar zu Ihrem Wohnort! Es gehen von dort die Tore und Straßen nach allen Enden der Welt!"

Reiterstandbild Herzog Carl Augusts vor der Hochschule „Franz Liszt" auf dem Platz der Demokratie

Ehemaliges Residenzschloss

Mit einer Wasserburg der Grafen von Weimar und Orlamünde hatte vor zwei Jahrtausendwenden alles begonnen. Am Ende steht nun diese großartige Schlossanlage, deren barocker Turmriese die Stadt wie ein lockender Finger überragt.

Der älteste Schlossteil ist das mittelalterliche Torhaus mit dem „Hausmannsturm", dessen unterer Teil aus dem 11. Jahrhundert stammt. Nach einem Großfeuer im Jahre 1424 erhielt der Turm einen neuen Aufbau. Da gehörte Weimar bereits zu Sachsen und die Wettiner nutzten die „Hornburg" genannte Wasserburg gelegentlich als Nebenresidenz. Das änderte sich nach der Leipziger Teilung und der Schlacht von Mühlberg (1547), als der protestantische Schutzbund dem Kaiser unterlag.

Kurz zuvor hatte der Renaissancebaumeister Nicol Gromann im Auftrag des ernestinischen Kurfürsten Johann Friedrich dem Großmütigen damit begonnen, das gotische Torhaus zeitgemäß zu überformen. Die gekreuzten Kurschwerter zierten deshalb noch das stadtseitige Wappen. Nach der Niederlage von Mühlberg war es mit dieser Zierde vorbei. Als persönlicher Gefangener Karls V. verbrachte Johann Friedrich fünf Jahre fern von seiner Familie. Sein albertinischer Vetter Moritz von Sachsen erhielt nun aus des Kaisers Hand Schwerter und Hut. Wieder in Freiheit, be-

Das Residenzschloss grenzt direkt an den Park an der Ilm

Blick in die „Falkengalerie"

stimmte Herzog Johann Friedrich Weimar zu seiner Dauerresidenz. Unter Nicol Gromann und Konrad Krebs begann der Umbau zum Schloss. Noch ehe es fertig war, ging es im Sommer 1618 schon wieder in Flammen auf. Der neue Baumeister hieß Giovanni Bonalino, kam aus Italien und plante eine Vierflügelanlage im Stil des Barock. Fertiggestellt wurde nur die Schlosskirche. Sie diente den Herzögen als Grablege. Auf der Kirchenorgel spielte fast ein Jahrzehnt der Hoforganist Johann Sebastian Bach.

Nach dem Ende des Dreißigjährigen Krieges beauftragte Herzog Wilhelm IV. den Thüringer Baumeister Johann Moritz Richter mit der Vollendung der „Wilhelmsburg". Dieser schlug eine Dreiflügelanlage vor und schuf mit der Sternbrücke den bezauberndsten Flussübergang der Stadt.

1728 erhielt der Schlossturm durch Gottfried Heinrich Krohne seine barocke Laterne und heutige Gestalt.

Allein, die nächste Katastrophe ließ nicht lange auf sich warten. Am 6. Mai 1774 brannte das Residenzschloss fast völlig aus. Die herzogliche Familie zog ins Fürstenhaus. Nach fünfzehn Jahren rief Carl August eine Schlossbaukommission ins Leben, deren Leitung er Goethe übertrug. Der holte den Baumeister Johann August Arens, den er von Rom her kannte, nach Weimar. Arens war eine Koryphäe. Als er jedoch merkte, dass dem Herzog das Geld auszugehen drohte, verschwand er wieder.

Goethe gab nicht auf. Er fühlte sich inzwischen kundig genug und ließ weiter arbeiten. Für den Innenausbau gewann er Nikolaus Friedrich Thouret. Dessen Nachfolger wurde der Berliner Heinrich Gentz. Alexander von Humboldt schickte den jungen Bildhauer Christian Friedrich Tieck nach Weimar. Seine Porträtbüste von Goethe lobte Christiane als „die beste, welche wir bis jetzt vom Geheimen Rat besitzen". Goethe zog Tieck zur künstlerischen Ausgestaltung des Schlosses heran. Bei mehreren Aufenthalten schuf er zahlreiche Reliefs für das Treppenhaus und die Repräsentationsräume. Zudem Statuetten und lebensgroße Figuren.

Während bei der Fassadengliederung das barocke Vorbild Bonalinos Pate stand (kleinteilige Buckelquader im Erdgeschoss, antike, dekorativ aus der Fassade heraustretende Pilaster in den Geschossen darüber), galt bei der Gestaltung der Innenräume ganz das klassizistische Prinzip. Als herausragende Leistung sind das Gentzsche Treppenhaus, die „Falkengalerie" (der weitläufige Versammlungssaal des Falken-Ordens) sowie der Festsaal im ersten Obergeschoss zu würdigen.

1803 waren der Nord- und der Ostflügel vollendet, und die herzogliche Familie zog wieder ins Schloss. Mit dem Westflügel wurde erst nach dem Sieg über Napoleon und der Erhebung zum Großherzogtum begonnen. Die Planung übernahm der Oberlandesbaumeister Clemens Wenzeslaus Coudray. Im Westflügel richtete sich Maria Pawlowna ein. Hier entstanden auch die repräsentativen „Dichterzimmer" für Goethe, Schiller, Herder und Wieland.

1913/14 wurde mit der Errichtung des neobarocken Südtraktes die Vierflügelanlage doch noch geschlossen. Der Hof erhielt seine eindrucksvolle heutige Gestalt. Nur fünf Jahre später dankte der Großherzog ab. Als Weimar für 197 Tage Ersatzhauptstadt war, nächtigten nicht nur der Reichspräsident, Minister und Mitarbeiter im Schloss. Hier trat auch das Kabinett Scheidemann zur täglichen Beratung zusammen. So saß man unter schweren Lüstern und von Gemälden umgeben, die zumeist schon an den Wänden hingen, als Johann Wolfgang von Goethe noch der Kunstankäufer des Herzogs war.

1923 wurde das Schloss verstaatlicht und fortan museal genutzt. Es diente den 1918 begründeten Staatlichen Kunstsammlungen zu Weimar als Stammhaus. Diese Sammlungen wurden 2003 mit der Stiftung Weimarer Klassik zur „Stiftung Weimarer Klassik" vereint. 2006 erfolgte die Umbenennung in „Klassik Stiftung Weimar", die ihren Sitz im Stadtschloss am Burgplatz hat. Hier befinden sich auch die Restaurierungswerkstätten, das Depot und jene hochkarätige Plastik-, Gemälde- und Grafiksammlung, die Kennern immer wieder den Atem verschlägt, Laien zu Liebhabern werden lässt und einmal mehr zeigt, weshalb auch dieses Schloss auf der Welterbeliste der UNESCO steht.

„Brautbild der Sybille von Kleve"

Schlossmuseum

Mit seinen klassizistischen Festräumen, dem Gentzschen Treppenhaus und den von Maria Pawlowna angeregten Memorialstätten, deren historisierende Wandgemälde das pompejische Vorbild erkennen lassen, wäre das ehemalige Residenzschloss schon allein ein Museum für sich. Im berühmten anderen Teil wird, verteilt auf rund siebzig Räume, europäische Kunst vom Mittelalter bis hin zum 20. Jahrhundert gezeigt.

Im Erdgeschoss sind herausragende Werke aus der Cranach-Werkstatt und von Zeitgenossen wie Albrecht Dürer und Hans Baldung Grien ausgestellt. Weimar besitzt eine der bedeutendsten Cranach-Sammlungen. In der Ausstellung fehlen weder Luther als „Junker Jörg", noch das Brautbild der Sybille von Kleve. Die Vierzehnjährige im herzoglichen Prachtkleid mit schräg aufgesetztem Brautkränzchen und hüftlangem, kastanienbraunem Haar ist eine Ikone der mittelalterlichen Porträt-Malerei. (Eine nahezu identische zweite Fassung, vermutlich für Sybilles Eltern bestimmt, wechselte im April 2008 bei Christie's in New York für knapp fünf Millionen Euro den Besitzer.) Von Albrecht Dürer sind die 1499 entstandenen Bildnisse des Patrizierpaares Hans und Felicitas Tucher aus Nürnberg zu sehen.

Außerdem befinden sich im Erdgeschoss eine umfangreiche Mittelaltersammlung sowie Stücke aus der herzoglichen Raritätenkammer. Ein mit Elfenbein verziertes Evangeliar stammt aus karolingischer Zeit. Die Sammlung altrussischer Ikonen hatte der ohne Erben gebliebene Kaufmann, Jurist und Sammler Dr. Georg Haar seiner Heimatstadt am 6. Juni 1945 testamentarisch vermacht. Die ältesten Arbeiten dieser in den Zwanzigerjahren erworbenen Sammlung kommen aus der Nowgoroder und der Moskauer Schule des 15. Jahrhunderts.

Im ersten Obergeschoss liegt der Schwerpunkt auf der niederländischen Malerei des 16. bis 18. Jahrhunderts. Die deutsche Malerei ist mit einer umfänglichen Auswahl aus der Epoche der Romantik und der Klassik vertreten. Viele der hier Ausgestellten waren noch mit den „Großen von Weimar" bekannt, so Angelika Kauffmann, Jakob Philipp Hackert oder Johann Friedrich August Tischbein, dessen in der Grafischen Sammlung gut vertretener Vetter gar als „Goethe-Tischbein" in die Kunstgeschichte einging. Unter den Romantikern sind Caspar David Friedrich, Philipp Otto Runge und Georg Friedrich Kersting hervorzuheben.

Im zweiten Obergeschoss präsentieren Werke von Franz Lenbach, Theo Hagen, Leopold Graf Kalckreuth, Christian Rohlfs, Max Liebermann und anderen die „Weimarer Malerschule". Für die Moderne stehen beispielsweise Arbeiten von Lyonel Feininger, Henry van de Velde und Paul Klee. Auf Harry Graf Kessler geht der Grundstock der Sammlung europäischer Impressionisten zurück. An exponierter Stelle hängt das Gemälde „Kathedrale von Rouen", ein Meisterwerk von Claude Monet.

Die Grafische Sammlung der Klassik Stiftung Weimar ist sowohl im Neuen Studienzentrum als auch im Goethe-Nationalmuseum untergebracht. Sie kann aber nur nach vorheriger Anmeldung besichtigt werden. Der Bestand des einstigen Großherzoglichen Kupferstichkabinetts, an dessen Aufbau Goethe großen Anteil hatte, erweiterte sich um Nachlässe, Neuerwerbungen, Sonderbestände, wie jene zu Liszt oder Nietzsche, und natürlich um die persönliche Kunstsammlung von Johann Wolfgang von Goethe. Der Überblick reicht vom 15. Jahrhundert bis in die jüngere Zeit. Mit ihren etwa 200 000 Werken ist die Grafische Sammlung zu Weimar eine der größten und bedeutendsten im Lande.

Ehemaliges Fürstenhaus mit dem um 1820 gepflanzten Ginkgobaum

Platz der Demokratie

Gottlob war der Verwaltungsneubau für die Landschaftskasse 1774 schon so gut wie fertig gestellt, als das Schloss nach einem Blitzschlag niederbrannte! Dadurch hatte die herzogliche Familie ein Ausweichquartier und der Kasse wurde ein anderes Gebäude zugewiesen. Nach dem Regierungsantritt und der Hochzeit mit Luise von Hessen-Darmstadt bezogen Carl August und die junge Herzogin den ersten und zweiten Stock. Das Gebäude wurde nun **Fürstenhaus** genannt, die Fläche davor Fürstenplatz. 28 Jahre wohnte Carl August mit seiner Familie in diesem Haus. Die ersten vierzehn mit Blick auf die Ruine, dann noch einmal so lange auf die Baustelle vom „Neuen Schloss". 1803 erfolgte der Umzug.

Spätere Mieter des Fürstenhauses waren ab 1807 die Freie Zeichenschule sowie deren Direktoren Johann Heinrich Meyer und Carl Christian Jagemann, die hier Wohnung und Atelier hatten. Von 1817 an tagte der Sächsisch-Weimarische Landtag im Fürstenhaus, von 1848 bis 1918 der des Großherzogtums Sachsen-Weimar-Eisenach. Aus dieser Zeit stammt der repräsentative Säulenvorbau. Ab 1920 traten die Parlamentarier des Landes Thüringen im Fürstenhaus zusammen. Diese hoffnungsvolle Ära endete mit der Annahme des Ermächtigungsgesetzes im Mai 1933. Das Fürstenhaus bezogen nun SS und Innenministerium, die Gauleitung der NSDAP und der Reichsstatthalter von Thüringen.

Im April 1946 erhielt der Platz seinen heutigen Namen. Das ehemalige Fürstenhaus wurde wieder „innenministeriell" genutzt, bis man sich an Weimars „unpolitische" Traditionen und an die Gründung der Musik- und Orchestermusikerschule im Jahrhundert zuvor erinnerte. 1951 zog die **Hochschule für Musik „Franz Liszt"** als neuer Eigentümer ins alte Fürstenhaus. Seither befindet sich am Platz der Demokratie 2 das Hauptgebäude dieser renommierten Einrichtung.

Knapp eintausend Studenten werden an dieser Hochschule, deren Facheinrichtungen über das Stadtgebiet und bis nach Belvedere verteilt sind, ausgebildet. Etwa jeder fünfte Studierende besitzt einen ausländischen Pass. Rad fahrende junge Leute mit Instrumentenkoffern auf dem Rücken gehören in Weimar zum Stadtbild. Und wenn eine schön gewachsene junge Frau spätabends aus dem „Resi" oder dem „Kasseturm" kommend, eine Arie schmetternd durch enge Gassen eilt, darf man getrost davon ausgehen, dass auch sie bei „Liszt" studiert. Das sich im rechten Winkel anschließende Bauwerk entstand aus drei Gebäudeteilen und war als Platzbegrenzung gedacht. Heute arbeiten hier die Verwaltung und das Rektorat. Die Fassade wurde 1891 im Stil des Neorokoko erneuert. Nach dem letzten Besitzer wird das Gebäude **Rößlersches Haus** genannt.

Den Blickfang des Platzes, das **Carl-August-Denkmal**, schuf der Weimarer Bildhauer Adolf von Donndorf. Die Einweihung am 3. September 1875 sollte an den Regierungsantritt einhundert Jahre zuvor erinnern. Der Herzog kommt wie ein antiker Held daher: lorbeergeschmückt, mit Eichenblättern und Blumen und ein bisschen wie der große Marc Aurel. In der Uniform eines preußischen Generals reitet Carl August hinüber zum Schloss, heimkehrend aus den napoleonischen Befreiungskriegen. Eine eigene Armee hatte man nicht, also auch keine Generalsuniform. In Weimar investierte man nun mal vor allem in Bücher, in talentierte SchauspielerInnen und in die Kunst. Dass sich ausgerechnet unter diesem Platz ein Tiefmagazin für die Bücher der Herzogin Anna Amalia Bibliothek befindet, ist einfach genial!

Herzogin Anna Amalia Bibliothek

An keinem zweiten Ort fühlt man sich dem „geistigen Kosmos" einer ganzen Epoche so nahe wie in dieser Bibliothek. Schon kurz nach ihrem Regierungsantritt am 30. August 1759 ließ Herzogin Anna Amalia das als fürstliches Wohnhaus errichtete Grüne Schloss umbauen. Zu einem Glanzstück geriet dem Landesbaumeister August Friedrich Straßburger dabei der Rokokosaal. Auf einer Grundfläche von 21 mal 11 Metern wurde im ersten Geschoss ein von zwölf Pfeilern gebildetes Oval geschaffen. Die Zwischenräume dienten zur Aufnahme der Bücherregale oder blieben als Durchgang und Lichtspender frei. Die Holzverkleidung war aus thüringischem Fichtenholz.

1766 erfolgte der Umzug. Bis dahin befand sich die Bibliothek im Schloss. Den Grundstock hatte Herzog Wilhelm Ernst gelegt. 1691 waren ihm bei einer Erbteilung fünfhundert bibliophile Kostbarkeiten zugefallen. Die verleibte er seiner seit dem Mittelalter bestehenden eigenen Sammlung ein und engagierte einen Gelehrten als Bibliothekar. Bis zum Umzug war die Sammlung auf 30 000 Bände angewachsen. Auch für Anna Amalia und Herzog Carl August hatte der weitere Ausbau dieser Bibliothek höchste Priorität. Von 1797 an lag die Leitung in den Händen der Minister Voigt und Goethe. Letzterer blieb dem Haus als „oberster Bibliothekar" fünfunddreißig Jahre (!) verbunden.

Die Benutzung der Fürstlichen Bibliothek war jedermann kostenlos gestattet. Die Ausleihfrist betrug zwölf Wochen. Selbst Gymnasiasten, deren Eltern oder Lehrer für sie bürgten, gehörten zum Leserstamm. 1803 kam es, von Goethe angeregt, zu einem Erweiterungsbau durch Heinrich Gentz. 1821 wurde, ebenfalls auf Goethes Vorschlag hin, der „Dicke Altan", einst Teil der mittelalterlichen Stadtbefestigung, zum „Bücherturm" umfunktioniert und Clemens Wenzeslaus Coudray kümmerte sich um den Verbindungsbau zum Hauptgebäude. Eine Attraktion des Turmes ist die hölzerne Wendeltreppe aus Weida. Die zwölf Meter hohe Treppenspindel stammt aus der dortigen Osterburg. Ein zu Unrecht zum Tode verurteilter Zimmermannsgeselle hatte sie aus einem Stamm geschlagen und dadurch sein Leben retten können. Der Voigt nahm die Treppe und ließ den Gesellen ziehen. Den Ausbau in der Osterburg und den Transport nach Weimar leitete Goethes Sohn August, den Einbau in Weimar Coudray.

Die letzte große Erweiterung war 1849 abgeschlossen. Goethes 100. Geburtstag und die Einweihung des nördlichen Anbaus von Coudray feierte man am 28. August in der Bibliothek. Die hieß ab 1920 Thüringische Landesbibliothek und hatte in den nachfolgenden Jahrzehnten mancherlei zusätzliche Aufgaben zu übernehmen. Als „Zentralbibliothek der deutschen Klassik" erlebte die Einrichtung die Wendezeit. Im September 1991, dreihundert Jahre nach ihrer Gründung, erfolgte die Umbenennung in Herzogin Anna Amalia Bibliothek (HAAB). Ihr Bestand war inzwischen auf nahezu eine Million Bücher angewachsen, die über vier Außenlager verteilt waren. Im Grünen Schloss konnte nur ein Fünftel davon aufgestellt werden. Bei der Suche nach einem zentralen Platz für den geplanten Erweiterungsbau fiel die Entscheidung für das vom Roten und vom Gelben Schloss sowie von der Neuen Wache gebildete Gebäudeensemble Markt 15.

Im Herbst 2001 begannen die Bau- und Restaurierungsmaßnahmen, in deren Folge ein eindrucksvoller Bücherkubus mit mehrgeschossigen Bücherregalen, umlaufenden Galerien und einem transparenten Dach sowie die Tiefmagazine eingefügt wurden.

Der Rokoko-Saal der Anna Amalia Bibliothek nach der Restaurierung

Schiller-Büste

2005 war die Einweihung dieses hochmodernen Studienzentrums vorgesehen. Anschließend sollte die längst überfällige Sanierung des Grünen Schlosses beginnen. Im Sommer 2004 wurden die ersten Außenlager aufgelöst und ein Teil des Bestandes in die bereits fertig gestellten neuen Magazine „heimgeholt". Die Räumung und Sanierung des Stammhauses standen unmittelbar bevor. Da kam es zur bis dahin größten Nachkriegskatastrophe in der deutschen Bibliotheksgeschichte: Am Abend des 2. September 2004 löste ein defektes Kabel einen Großbrand aus. Die beiden oberen Stockwerke des Grünen Schlosses wurden völlig zerstört. 35 Gemälde und rund 50 000 Bücher verbrannten. 62 000 Exemplare wurden durch Löschwasser und Feuer beschädigt. Schockgefrostet bei minus 120 Grad Celsius, warten noch viele von ihnen luftdicht verpackt auf ihre Restaurierung. Auch zahlreiche Büsten nahmen schweren Schaden. Die Musikbibliothek der Herzogin Anna Amalia sowie die Notensammlung von Maria Pawlowna (2 100 Drucke und 700 Handschriften) sind für alle Zeiten verloren. Gleiches gilt für bedeutende Gelehrtenbibliotheken wie die von Friedrich von Logau oder die Erstausgaben von Jean Paul …

Man sprach von einer „nationalen Katastrophe", weil „das Gedächtnis deutscher Kultur" Schaden genommen habe. „Es konnte einen in dieser Bibliothek unversehens eine heftige Liebe zu Deutschland überkommen", bekannte der Büchnerpreisträger des Jahres 2007 Martin Mosebach nach dem Unglück und brachte es damit wohl auf den Punkt. Nachdem sich der erste Schock gelegt hatte, verkündeten die Verantwortlichen ein ehrgeiziges Ziel: In drei Jahren, zum 268. Geburtstag der Namenspatronin, würde man die Bibliothek der Öffentlichkeit wieder zurückgeben.

Die Bereitschaft zur Mithilfe übertraf alle Erwartungen. 2005 fand die planmäßige Einweihung des neuen Studienzentrums der HAAB statt. Und exakt drei Jahre nach dem Brand, am 24. Oktober 2007, gab es in Weimar ein Geburtstagsfest für Anna Amalia. Eine ganze Woche lang feierte man die Wiedergeburt dieser Bibliothek. 85 Prozent der alten Substanz konnten restauriert, Restliches musste ergänzt werden.

Die Wiederherstellung ist meisterhaft gelungen! Manches, so das lichte Blau des Rokokosaales oder die Gestaltung der Fassade, knüpft jetzt sogar an die Farbgebung des vorvorigen Jahrhunderts an. Golden leuchten die Verzierungen an den Balustraden, und wie ehedem fällt beim Eintreten der Blick auf das Carl-August-Porträt von Ferdinand Jagemann. Die hohen Regale auf der Hauptebene sind dicht mit Büchern gefüllt und die von namhaften Bildhauern geschaffenen Porträts von Weimars „Großen" stehen da, als wäre nichts geschehen. „Zwischen Büsten und Bildern all der famosen Kerle aus Weimars Glanzepoche wird's einem ganz wohl zumute. Man meint, sie wären selbst noch da, man sieht Schiller sinnend am Fenster lehnen, Herder und Wieland schreiten Arm in Arm zwischen den Repositorien, und die Treppe herauf schallt fest und gebieterisch der Imperatortritt des Alten, Einzigen!", schrieb Ferdinand Freiligrath begeistert über seinen Besuch.

Dieser festlich anmutende Saal, in dem wie in der Vergangenheit die ältesten Bestände der Bibliothek aufbewahrt werden, ist die Hauptattraktion. Manches Büchergestell auf der Galerie ist noch nicht wieder vollständig gefüllt. Die Lücken erinnern an die noch zu leistende Arbeit der Restauratoren und an den großen Verlust. Die erfolgte Generalsanierung ermöglichte aber auch einige wichtige Neuerungen. So wurde das Gebäude vom Keller bis unter das Dach modernisiert. Im Mansardengeschoss gibt es jetzt einen Sonderlesesaal. Buchschätze und Neuerwerbungen werden im Erdgeschoss präsentiert. An anderer Stelle ist etwas zur Entstehung des Hauses und der Sammlung zu erfahren, zum Wirken Goethes, zum Brand und zum Wiederaufbau sowie zu den Aufgaben der Gegenwart. Im „Kunstkabinett" kann man Raritäten aus der herzoglichen Kunstkammer betrachten, darunter die „Lebensuhr" von Herzog Wilhelm Ernst, der ein besessener Sammler war.

Das Interesse an der Herzogin Anna Amalia Bibliothek ist ungebrochen. Wer den Rokokosaal und damit diese einzigartige Melange aus Bibliothek, Schatzsammlung und Architekturdenkmal vor seiner Weiterreise gesehen haben will, der sollte sich jedoch vorab kundig machen, denn der Besuch ist nur während einer Führung möglich und der tägliche Kartenverkauf angesichts der Auflagen des Denkmalschutzes limitiert.

Die Schaufront des Grünen Schlosses vom Platz der Demokratie aus

Das Rote und das Gelbe Schloss

Bayrische Heraldiker bekommen rote Bäckchen, sobald sie die weiß-blaue Raute im Allianzwappen am Roten Schloss entdeckt haben. Das bajuwarische Detail über dem Hauptportal brachte Charlotta Dorothea Susanna von der Pfalz mit in die Ehe, als sie Johann Wilhelm I. von Sachsen heiratete. Der starb 1573 als Herzog von Sachsen-Weimar. Seiner Gemahlin errichtete man das Rote Schloss als Witwensitz.

Nach dem Stadtschloss-Brand im Jahre 1618 wohnte die herzogliche Familie im Roten Schloss. 1781 bis 1807 war hier die „Fürstliche freye Zeichenschule" untergebracht. Nach 1815 zogen Verwaltungsbehörden ein. Das blieb so bis in die jüngere Zeit hinein. Als Mitregent wohnte auch Herzog Johann Ernst III. viele Jahre im Roten Schloss. Vom April bis zum Herbst 1703 hatte der junge Bach bereits als Violinist in des Herzogs Privatkapelle gespielt, ehe er sich später für länger in Weimar niederließ. Die Bachbüste von Bruno Eyermann an der Ecke erinnert an den Aufenthalt des Musikers in Weimar und in diesem Schloss.

Das Gelbe Schloss verdankt seinen Namen – wie die beiden anderen Schlösser am Platz der Demokratie – dem markanten Erstanstrich. Der Barockbaumeister Johann Mützel hatte 1703/04 die Dreiflügelanlage errichtet. Als Herzog Johann Ernst III. 1707 starb, zog seine Witwe hier ein. Die Großbuchstaben an der Fassade (C. D. S. D. S. L. H. H.) stehen somit für „Charlotta Dorothea Sophia Ducatrix Saxonia Landgrafia Hasso-Homburgensis". An der zum Grünen Markt hin gelegenen Hauptfassade fällt ein von Löwen bekröntes Schmuckportal mit integriertem Fenster auf.

In dem Haus wurde 1761 der sehr erfolgreiche Theaterdichter August von Kotzebue als Sohn einer Hofdame und eines Kabinettsekretärs geboren. Kotzebue brachte es zum russisch-zaristischen Staatsrat. Den aufbegehrenden deutschen Burschenschaftlern galt er als suspekt und reaktionär. Man verbrannte deshalb seine Schriften und einer aus der Jenaer Burschenschaft, Karl Ludwig Sand, verübte am 23. März 1819 auf August von Kotzebue ein Attentat.

Das Residenz-Café (Grüner Markt 4) wurde am 7. November 1839 eröffnet und ist damit das älteste Wiener Kaffeehaus der Stadt. Bis heute ist es ein beliebter Treffpunkt. Schon Marlene Dietrich saß gern im „Resi". Im Herbst 1919 war die noch nicht mal Siebzehnjährige ohne Abitur nach Weimar gekommen, um hier Konzertgeige zu studieren. Sie geriet in die Kreise der Bau-

Ildefonso-Brunnen

häusler und lernte die Witwe von Gustav Mahler und die Noch-Ehefrau von Walter Gropius kennen. Im „durchsichtigen Chiffonkleidchen" erschien sie zum Unterricht bei Professor Robert Reitz, der bald ihren Reizen erlegen war. Als die Mutter von der Affäre erfuhr, holte sie die Tochter nach Berlin zurück. Die gab das Geigenspiel auf und sprach an der Schauspielschule des Deutschen Theaters vor. Natürlich mit Gretchens Gebet aus Goethes „Faust"! Das hatte sie ja von Weimar her noch gut im Ohr.

Goethe war in vielen Weimarer Lokalitäten – im „Resi" jedoch nie. Als es öffnete, war der Dichter bereits tot. Allerdings befand sich dessen erste Stadtwohnung gleich nebenan. Am 22. März 1932 durchbrach der Besitzer des Residenz-Cafés eine Mauer zum Nachbarhaus. Es war Goethes einhundertster Todestag. Und das, so der „Resi"-Wirt, sei sein Beitrag zum Goethejahr! Seither ist, wer weit genug ins „Resi" hineingeht, auch in Goethes ehemaligem Wohnzimmer zu Gast.

In dem Gebäude am **Burgplatz 1** hat der Dichter von 1776 bis 1777 gewohnt. Heute befinden sich hier ein Restaurant und die ACC Galerie Weimar. Auf dem Dachboden lagen jahrzehntelang unbeachtet Hefter mit Briefen, die Emil Ulbrich, ein Mieter des Hauses, ab 1946 aus Weimar geschrieben oder von seinen in Deutschland verstreut lebenden Verwandten und Freunden erhalten hatte. Viele dieser Briefe brachte der Künstler David Mannstein als LED-Laufschrift auf die Fassade des Gebäudes. Ein bewegendes Stück Zeit- und Weimargeschichte. Goethe hätte das vermutlich gefreut!

Unmittelbar an das Gelbe Schloss schließt sich die von Clemens Wenzeslau Coudray 1834 bis 1838 errichtete **Hauptwache** an. Das dreigeschossige klassizistische Bauwerk entstand unter dem Großherzog Carl Friedrich und war Sitz der Schlosswache. Großherzog Wilhelm Ernst veranlasste 1911 eine Erweiterung des Hauses und ließ gleich

Prächtiges Portal am Roten Schloss

beide Giebel mit seinen Initialen schmücken. Was er nicht ahnen konnte: Von dieser Stelle aus sollten ihn die Soldatenräte im November 1918 zum Abdanken auffordern. Die gelungene „Verkleidung" der Hofseite und die eingefügten Torbögen gehen indes noch auf Pläne von Coudray zurück.

Der **Ildefonso-Brunnen** kam 1824 an seinen heutigen Platz. Das wannenförmige Becken entstand 1797. Die Figurengruppe, benannt nach dem Fundort San Ildefonso, ist die Kopie des in den Prado zu Madrid verbrachten marmornen Originals aus dem ersten vorchristlichen Jahrhundert. Kopien der beiden antiken Jünglinge wurden seit dem 17. Jahrhundert aus verschiedenen Materialien hergestellt. Man findet sie im Schlosspark von Versailles, in Sanssouci, in London, in Goethes Wohnhaus am Frauenplan und eben hier, am Platz der Demokratie.

Marktplatz

Paare rücken dichter aneinander. Passanten heben die Köpfe und bleiben stehen. Selbst Einheimische nehmen, sobald das Glockenspiel vom Rathausturm erklingt, das Tempo aus ihrem Schritt. Manch einer spitzt dann auch schon mal die Lippen und summt die Melodien gleich mit: Schillers „Freude, schöner Götterfunke" etwa, Goethes „Sah ein Knab' ein Röslein stehn" oder – im Dezember – ein Weihnachtslied. Das aus 35 Meißner Glocken bestehende Spiel ist von April bis Dezember um 10, 12, 14, 15 und 17 Uhr zu hören und ab Mitte Juni bis November auch um 18 Uhr. Vom 1. Januar an pausiert das Geläut in der Regel.

Der Marktplatz entstand im Zuge der mittelalterlichen Stadterweiterung; bis dahin wurde rings um die Stadtkirche gehandelt. Der Platz wird gerade mal von wenig mehr als einem Dutzend Häuser begrenzt und hat trotz umtriebiger Passanten, trotz der Händler und Touristenströme auch tags-

Das neogotische Rathaus

Marktplatz mit Stadthaus und Cranachhaus

über etwas Beschauliches. Kein Apfel fällt hier aber ungebremst aufs Pflaster, wenn in Weimar Töpfermarkt ist. Und noch enger wird es im Oktober zum Zwiebelmarkt. Dann herrscht für drei Tage in der gesamten Altstadt Volksfeststimmung. Beim Zwölf-Uhr-Glockenschlag schneiden am Freitag der Oberbürgermeister und die neue Zwiebelmarktkönigin den unübertroffenen Weimarer Zwiebelkuchen an. Die König ist immer jung und immer schön. Sie trägt eine Zwiebelkrone auf dem Kopf und mit hoher Wahrscheinlichkeit keine sieben Unterröcke unter ihrem Kleid. Für ein Jahr wirbt sie nach außen hin mit ihrem Charme und ihrem Wissen für die Stadt.

Der erste Weimarer „Vieh- und Zippelmarkt" ist für 1653 verbürgt. Auch Goethe hat sich über das Volksfest geäußert und mit der Zwiebelknolle befasst! Der Geheimrat befestigte (der gesundheitsfördernden Kräfte wegen) Zwiebelrispen an seinem Schreibtisch und schmückte, wenn Zwiebelmarkt war, das gesamte Haus!

Eine privilegierte Stellung genießen von alters her die Zwiebelbauern aus Heldrungen. Sie führten die kunstvoll gebundenen Rispen vor Jahrhunderten in Weimar ein. Bei ihrer Ankunft überreichen sie dem Oberbürgermeister einen mehrere Meter langen Zwiebelzopf. Der hängt dann einige Zeit im Treppenhaus des Rathauses und wird traditionell für einen guten Zweck versteigert, ehe er sprosst.

Das zweistöckige **Rathaus** nimmt fast die gesamte Westseite des Platzes ein. Es entstand 1841 im neogotischen Stil. Der Vorgängerbau von 1583 war 1837 abgebrannt. Im Treppenhaus ist das älteste Stadtwappen zu sehen. Zwei aus dem Renaissance-Rathaus gerettete Schmuckportale wurden in das erste Obergeschoss integriert. „Ein Ambt Das Wartte er mit Vleis!", geben die Altvorderen dem Oberbürgermeister und Besuchern mit auf den Weg. Im Eingangsbereich erinnert eine von amerikanischen Veteranen überreichte Tafel an die „unblutige Übergabe" der Stadt am 12. April 1945.

Cranachhaus mit farbenfrohen Stuckverzierungen

vergnügt. Der Renaissancebau von 1547 wurde im Zweiten Weltkrieg zerstört. Beim späteren Wiederaufbau beließ man es bei der Rekonstruktion der historischen Fassade. Hier hat die Tourist-Information ihr Domizil. Die Klassik Stiftung Weimar sowie die Gedenkstätte Buchenwald sind mit eigener Besucherinformation vertreten. Wer also unter dem „Salve"-Gruß eintritt, verlässt diesen „Tempel der Freundlichkeit" über kurz oder lang gut informiert und hoch motiviert.

Gleich nebenan liegt der **Ratskeller**. Ein unterirdischer Tunnel verband ihn einst mit dem Rathaus vis-à-vis. Stadtväter, die ein heikles Geschäft zu besprechen hatten oder während der Dienstzeit die Qualität des Bieres zu prüfen gedachten, gelangten unbemerkt hierher und auch wieder zurück. Ein Teil des geheimen Ganges wurde bei Bauarbeiten entdeckt und ist jetzt durch eine Glastür im Keller (Lichtschalter links) zu sehen.

Der feuerrote Briefkasten an der Fassade ist ein Dank der Shakespeare-Geburtsstadt Stratford-upon-Avon an die Kulturhauptstadt Weimar, wo so viel für das Werk des Dichters getan worden ist und seit 1864 dessen erstes Festland-Denkmal steht. Seine Weimar-Grüße kann man diesem landestypischen Briefkasten getrost anvertrauen. Er wird von der Deutschen Post regelmäßig geleert.

Auf der anderen Platzseite steht das **Stadthaus**. Schon im Mittelalter hatte man darin Handel getrieben, sich versammelt und

Rechter Hand schließt sich das **Cranachhaus** an. Mit seinen Rundbögen, seiner Farbigkeit und seinem prächtigen Fassadenschmuck gilt es als eines der schönsten Renaissancewohnhäuser Thüringens. Der Landesbaumeister Nicol Gromann errichtete zwischen 1547 und 1549 das Doppelhaus, in dem Kanzler Christian Brück, der Schwiegersohn von Lucas Cranach d. Ä., wohnte. Cranach kam 1552 im Gefolge des abgesetzten Kurfürsten Johann Friedrich nach Weimar und zog hier ein. Seine Werkstatt befand sich im dritten Obergeschoss. Dort malte er an dem Altarbild für die Stadtkirche St. Peter und Paul. Eine Inschrift am Haus erinnert an den berühmten Bewohner, der 1553 starb. Im benachbarten Gebäudeteil lässt die Klassik-Bühne Weimar in der gediegenen Atmosphäre des Kreuzgewölbes das „Goldene Zeitalter" auferstehen.

Im Haus Nummer 13 wohnte der Schriftsteller und Prinzenerzieher Carl Ludwig von Knebel (1744-1834), der die Begegnung zwischen Goethe und dem jungen Herzog arrangiert hatte. Das **Hotel „Elephant"** auf der südlichen Marktseite galt schon früher als erste Adresse. Grillparzer rühmte das bereits 1696 existierende Gasthaus als „Vorzimmer zu Weimars lebender Walhalla". Nicht zuletzt durch den Roman „Lotte in Weimar", der auch verfilmt wurde (Hauptrolle Lilli Palmer), ging es sowohl in die Literatur- als auch in die Filmgeschichte ein. Da lag es nahe, eine der Suiten nach dem Romanautor Thomas Mann, eine andere nach Lilli Palmer zu benennen.

Auch Hitler liebte Weimar. Und wenn er kam, logierte er in diesem Haus. 1937 ließ er den „Elephanten" bis auf den historischen Gewölbekeller abreißen und einen Neubau im Stile der Zeit errichten. Der bekam marktseitig einen Balkon und der Diktator seine Tribüne. Erst zehn Jahre nach dem Zweiten Weltkrieg wurde das zerstörte Hotel anlässlich des Schillerjahres wieder eröffnet. Auf den Termin hatte der Festredner gedrungen. Der erste Name im Gästebuch ist der von Thomas Mann.

Das Hotel, berühmt auch durch seinen „Elephantenkeller" und das Gourmet-Restaurant „Anna Amalia", wurde 2004 als einziges in Thüringen mit der Auszeichnung „Fünf Sterne Superior" bedacht. Drinnen trifft man auf Kunstwerke und originelle Sammlerstücke und im Gärtchen dahinter wächst natürlich ein „Goethe-Baum".

Schon 1540 wurde der **„Gasthof Schwarzer Bär"** im Nachbarhaus erwähnt, der damit das älteste Gasthaus der Stadt ist. Das eindrucksvolle Portal stammt aus der Erbauungszeit. Das Eckhaus Frauentor-/Windischenstraße steht ganz im Dienste des Ginkgobaums. Hier werden unter anderem Ginkgosamen, Ginkgobäumchen und Ginkgokosmetik angeboten. Im **Ginkgo-Museum** sieht man auch Fotografien jenes Baumes, der am 6. August 1945 in Hiroshima fast verbrannt war und im Jahr darauf wieder ausschlug.

Das Gebäude der **Hofapotheke** dominiert die Nordseite des Platzes. 1567 erhielt Laurentius Kreich aus Torgau das Privileg, eine Apotheke mit diesem Namen zu führen. Im Labor seiner Nachfolger Buchholz und Hoffmann experimentierte auch Goethe; es liegt nahe, dass er hier die Inspirationen zum „Laboratorium" im „Faust" und zu seiner Apotheker-Figur in „Hermann und Dorothea" empfing. 1784 begann Johann Bartholomäus Trommsdorff in der Hofapotheke seine Lehre. Der gebürtige Erfurter wurde später zum Begründer der modernen wissenschaftlichen Pharmazie. Nach

Relief am „Schwarzen Bären"

Neptunbrunnen vor der Hofapotheke

ben geborene Sängerin an das herzogliche Liebhabertheater nach Weimar geholt. Bei der „Iphigenie"-Uraufführung auf dem Ettersberg spielte sie 1779 die Iphigenie, er den Orest. Goethe mochte sie. „Bis 10 Uhr bei Cronen", vertraute er im Januar 1777 dem Tagebuch an. „Nicht geschlafen. Herzklopfen und fliegende Hitze."

Heiß dürfte es manchmal auch im **Wohnhaus Markt 5** zugegangen sein, wo Corona die Mansarde bewohnte. Das gleichfalls zerstörte Haus wurde in den 1990er-Jahren wieder aufgebaut. Das Relief vom mittelalterlichen Vorgänger zeigt neben dem sächsischen Wappen einen bewehrten Ritter zu Pferde. Der vermochte vermutlich noch aus den Abkürzungen dieses „Verbum domini manet in aeternum" herauszulesen: „Das Wort des Herren währet ewiglich."

Knapp fünfhundert Jahre ist es her, dass die Weimarer auf dem heutigen Marktplatz einen Schöpfbrunnen errichteten. Den zierte lange ein aufrecht stehender Löwe. 1774 wurde Weimars Wappentier durch eine vom Hofbildhauer Klauer geschaffene Neptun-Figur ersetzt. Der **Neptunbrunnen** ist der älteste Wasserspender der Stadt; das Becken von 1570 besteht aus Berkaer Sandstein. Das Neptun-Original aus Elbesandstein wird in den Weimarer Kunstsammlungen verwahrt. Vom Brunnen droht eine gelungene Neptun-Kopie mit „QUOS EGO!" (Euch will ich's zeigen!) dem Gott der Winde, der im Begriff war, die aus dem brennenden Troja fliehende Flotte des Aeneas in den Untergang zu schicken.

der Zerstörung im Februar 1945 blieb nur der Abriss der Apotheke sowie der Nachbarhäuser. In den gelungenen Neubau hat man den geretteten alten Erker wieder eingefügt. Die Apotheke blickt, einmalig für Thüringen, auf eine fast 450-jährige und gut dokumentierte Geschichte zurück. So weiß man heute, wann Herzog Carl August Mundwasser und Hämorrhoidenpulver geordert hatte und der Generalsuperintendent Herder erotische Stimulantien.

Solcher bedurfte Corona Schröter vermutlich nie. Goethe hatte die 1751 in Gu-

Stadtkirche St. Peter und St. Paul

Anna Amalia verpasste keine seiner Predigten! Er war ein ungewöhnlicher Geistlicher, war Dichter, Volksliedsammler, Schlittschuhläufer, Perücken-Muffel und Philosoph. Den Weimarer Klassikern hatte er den Steigbügel gehalten und der Deutschen Romantik auf den Weg geholfen. 1776 war Johann Gottfried Herder durch Goethes Vermittlung nach Weimar und auf den Posten des Oberhof- und Ersten Stadtkirchenpredigers gekommen. Als er am 18. Dezember 1803 starb, wurde er unter der Orgelempore des Mittelschiffs beigesetzt. Eine Metallplatte bezeichnet die Stelle im Boden. Eine sich in den Schwanz beißende Schlange bildet darauf einen Kreis, in dem das griechische Alpha und Omega für Anfang und Ende und jene drei Worte stehen, die für ihn stets Wegweisung waren: Licht, Liebe und Leben. Siebenundzwanzig Jahre seines Lebens hatte Johann Gottfried Herder an dieser Kirche den Dienst versehen. Im Volksmund trägt sie deshalb seinen Namen.

Geweiht wurde die Herderkirche jedoch als Pfarr- und Stadtkirche St. Peter und Paul. Deren Vorgängerinnen fielen Stadtbränden zum Opfer. Das jetzige Gotteshaus entstand um 1500 als spätgotische Hallenkirche mit fünf Jochen und fünfseitigem Chor. In der Barockzeit versah man die Seitenschiffe mit zwei Emporen, die über vier angebaute Treppenhäuser zu erreichen waren. Heute gibt es nur noch eine Empore.

Beim Eintreten registriert man gleich die lichte Farbgebung des 18. Jahrhunderts. Der Blick des Besuchers fällt auf die Hofloge vis-à-vis und das sächsische Pracht-Wappen aus Stuck. Damals wurden die gotischen Maßwerkfenster ersetzt und die Kanzel barock umkleidet. Aus dieser Zeit stammt auch der mit den Initialen von Herzog Carl August und Herzogin Luise geschmückte Orgelprospekt. Später wurden die Bronzetafeln über den Fürstengräbern im Chor aufgerichtet und die Grabplatten an die Wände im Kirchenschiff gestellt.

Am 9. Februar 1945 wurde die Kirche bei einem Bombenangriff schwer getroffen. Das Steildach stürzte ein; der Verfall war vorprogrammiert. 1949 sprach Thomas Mann im wieder aufgebauten Deutschen Nationaltheater über Goethe. Betroffen stand er vor der Ruine auf dem Herderplatz. Der Schriftsteller hatte gerade den Goethepreis erhalten, den er nun für den Aufbau der zerstörten Kirche in Weimar zurückließ. Vier Jahre später, am 14. Juni 1953, fand die Wiedereinweihung statt. Heute steht die Stadtkirche St. Peter und Paul auf der Welterbeliste der UNESCO,

Johann Gottfried Herder vor der Kirche

und allein des Flügelaltars wegen kehrte mancher Besucher schon ein zweites, ein drittes Mal nach Weimar zurück. Mit der Arbeit an dem dreiteiligen Altarbild hatte Lucas Cranach der Ältere gleich nach seiner Ankunft in Weimar im Herbst 1552 begonnen. Ein Jahr später war er tot und sein Sohn vollendete das Werk.

Die Haupttafel zeigt die „Erlösung des Menschen allein aus Glaube". Dargestellt sind neben der Kreuzigungsszene Themen aus dem Alten Testament. Zwischen Johannes dem Täufer und Martin Luther platzierte Cranachs Sohn seinen Vater. Der „Blutstrahl der Gnade" aus Jesus Seitenwunde wird auf des Malers Kopf gelenkt, im Hintergrund flieht der Mensch Adam in panischer Angst vor dem Teufel. Auf dem linken Seitenflügel erscheinen die Stifter Johann Friedrich von Sachsen und seine Gemahlin Sybille von Kleve, deren Bildnis als junge Braut zu den Schätzen des Schlossmuseums zählt; auf dem anderen Flügel sieht man die betenden Söhne.

Die Stadtkirche diente lange Zeit der herzoglichen Familie als Grablege. Das änderte sich erst, als es wieder eine Schlosskirche und später die Fürstengruft auf dem neuen Friedhof gab. Daher befinden sich insbesondere im Chorraum und in dem angrenzenden Gewölbe zahlreiche Grabplatten und Grabmale. Die eindrucksvollste Grablege ist die Tumba für Herzog Johann Friedrich von Sachsen und Sybille von Kleve.

Der Herzog und spätere Kurfürst hatte sich 1526 mit der vierzehnjährigen Schönheit auf Schloss Burg an der Wupper verlobt, um im Jahr darauf in Torgau prunkvoll zu heiraten. 1547 fiel der Streiter für die Sache des Protestantismus in die Hände des Kaisers. Als die Todesstrafe in lebenslange Haft umgewandelt wurde, begleitete ihn sein fünfundsiebzigjähriger Hofmaler Cranach in die Gefangenschaft. Unterdessen schrieb die Herzogin rührende Liebesbriefe an den gefangenen Gemahl und aufrüttelnde Appelle an den Kaiser. Nach fünf Jahren kam Johann Friedrich frei. Zwei Jahre hatte das Paar noch in Weimar zu leben – die Herzogin starb am 21. Februar 1554, der Herzog nur zehn Tage danach.

An der Nordwand des Chores befindet sich ein mächtiger Grabstein mit dem lebensgroßen Bildnis von Lucas Cranach d. Ä., der wie kein anderer in diese Kirche gehört. Cranach wurde zwar auf dem Jakobsfriedhof bestattet, doch 1858 holte man seinen den Wettern ungeschützt ausgesetzten Grabstein vom Friedhof und platzierte ihn in der Stadtkirche an exponierter Stelle, von seinem Herzog und dessen Gemahlin nur einen Pinselwurf entfernt.

Der Taufstein im Chor stammt von 1500. Über ihn wurden auch die in Weimar geborenen Kinder Johann Sebastian Bachs gehalten, darunter Wilhelm Friedemann (1710) und Carl Philipp Emanuel (1714). Von den herzoglichen Kindern, die auf dem Reliefbild an der Südwand zu sehen sind, empfing nur eines die Taufe. Alle anderen verstarben kurz nach ihrer Geburt. Das Erinnerungsbildnis für die toten Kinder des Herzogs Carl August und der Herzogin Luise schuf Martin Gottlieb Klauer, der in jenen Jahren der Bildhauer des Hofes war.

Ein als „Lutherschrein" bekannt gewordenes Triptychon zeigt den Reformator auf den Seitenflügeln als Mönch und als Junker Jörg, im Mittelteil aber – schon etabliert und wohlgenährt – als Magister mit aufgeschlagenem Buch. Das Werk ist eine zeitnahe Kopie zweier Cranach-Bilder und entstand 1572. Das Mönchsbildnis signierte der Cranach-Schüler Veit Thim. Luther hat in der Stadtkirche mehrfach gepredigt. Die Kanzel stammt noch aus dieser Zeit.

Auch in der Musikpflege spielt die Stadtkirche St. Peter und Paul eine bedeutende Rolle. Wenn man Glück hat, dann gibt es gerade eine „Stunde der Orgelmusik" oder ein anderes Konzert. Lange Zeit wirkte hier Melchior Vulpius als Kantor und Organist.

Er starb 1615. Eines seiner bekanntesten Kirchenlieder ist die Vertonung von Josua Stegmanns „Ach, bleib bei deiner Gnade", das in evangelischen Kirchen noch heute am Ende des Gottesdienstes und zum Jahreswechsel erklingt. Herzogin Anna Amalia wird es in ihrer Hofloge oft vernommen und mitgesungen haben. Sie war übrigens das letzte Mitglied der herzoglichen Familie, das in der Stadtkirche beigesetzt wurde. Auch Herders wegen, dessen Predigten sie doch so gern gelauscht hatte.

Mittelteil des Flügelaltars von Lucas Cranach und dessen Sohn

Herderplatz

Als auf dem heutigen Markt noch Ritterturniere veranstaltet wurden, war der Platz vor St. Peter und Paul der eigentliche Mittelpunkt und das kleine Handelszentrum der Stadt. Bevor sich Kaufleute auf Reisen oder Soldaten in einen Krieg begaben, gingen sie noch einmal zur Kirche und zogen ihre Klingen durch die Kerben der Pfeiler oder schärften die Messer am Stein neben der Tür. Das verhieß Glück und hinterließ Spuren, die Jahrhunderte später noch zu sehen sind. Zum Herderplatz, der einmal Töpfermarkt hieß, könnte man sofort „Du" sagen! Das hat zuallererst mit dieser schiefergedeckten schönen alten Kirche zu tun, aber auch mit den Häusern, die den Platz nach vier Seiten hin begrenzen, und von denen einige aussehen, als hätten sie mindestens eine Geschichte zu erzählen.

An der südlichen Platzseite steht das **Denkmal** für Johann Gottfried Herder. Den Entwurf des Bildhauers Ludwig Schaller setzte Ferdinand von Miller in Bronzeguss um. Herder hält ein Bündel Textseiten in der Linken. In das oberste Blatt ritzte der Künstler die Lieblingsworte des Geistlichen, die dieser, in einen Schlangenkreis gesetzt, auch in seinem Petschaft führte, um immer und überall mit der Botschaft „Licht, Liebe, Leben" siegeln zu können. Die Einweihung erfolgte 106 Jahre nach Herders Geburt, am 25. August 1850. „Von Deutschen aller Lande" steht auf dem Sockel und dies verweist darauf, dass nicht nur Weimarer Geld für das Denkmal gaben. Herder war der Erste aus dem Kreise der Klassiker, der ein Standbild bekam; Wieland, Schiller und Goethe mussten noch sieben Jahre warten.

Den an der Ecke zur Rittergasse hin gelegenen

Deutschritter-Haus an der Ostseite des Platzes

„**Sächsischen Hof**", einst Wohnturm des Deutschen Ritterordens, besaßen ab 1429 die Schwarzburger Grafen. Als Goethe im November 1775 nach Weimar kam, wohnte hier der Kammerpräsident von Kalb. Bis zum März des Folgejahres hatte der Sechsundzwanzigjährige bei ihm ein Quartier mit Familienanschluss. Ab 1810 lebte der Herzogliche Mundkoch François le Goullon in dem Haus und eröffnete ein Restaurant. Bei Ausbruch des Deutsch-Französischen Krieges wurde aus dem „Hôtel de Saxe" der „Sächsische Hof".

Seit dem Mittelalter ist das **Herderhaus** Sitz des Superintendenten. Im September 1776 zog hier der neue Oberhofprediger und Generalsuperintendent Johann Gottfried Herder mit seiner Familie ein. 27 Jahre versah er seinen Dienst für die Kirche und das Herzogtum. Am 18. Dezember 1803 starb er. Die Träger hatten nur einen kurzen Weg. Herders Sarg wurde im Schiff der Stadtkirche St. Peter und Paul versenkt.

Wie zu alten Zeiten bewohnt auch heute die Familie des Geistlichen das Herderhaus. Dennoch ist es möglich, hier einzutreten. Im Erdgeschoss befindet sich ein Café. Dem reizvollen Hof, wo man an schönen Tagen wie zu Herders Zeiten plaudernd an Tischen sitzt und Grüße schreiben kann, schließt sich der **Herdergarten** an. Er wird von der jeweiligen Pfarrersfamilie gepflegt. An Wochentagen lädt er zu stillem Rundgang und Zwiegespräch ein.

Ursprünglich reichte der Pfarrgarten bis zur Stadtmauer und wurde zur Selbstversorgung dringend benötigt. Das heutige Gärtchen, nach alten Quellen angelegt und bepflanzt, besitzt seit 1998 einen Brunnen, der mit Wasser aus den Brunnenstuben der Rabenquellen gespeist wird. Zusammen mit dem Wohnhaus, mit dem Alten Gymnasium und der Stadtkirche gehört der Garten zu den Herderstätten und ist somit Teil des Ensembles Weimarer Klassik, das unter dem Schutz der UNESCO steht.

Herder war als oberster Schulherr des Landes zugleich Direktor des **ehemaligen Wilhelm-Ernst-Gymnasiums**. Hier lehrten unter anderem Johann Carl August Musäus und Johann Heinrich Voss. Der dreigeschossige Bau mit hohem Mansardendach und stolzem Zwerchhaus entstand 1712 und ist das älteste Schulgebäude der Stadt. Das Alte Gymnasium gehört als langjährige Wirkungsstätte von Johann Gottfried Herder zu den von der Deutschen Stiftung Denkmalschutz betreuten Projekten. Die zweiläufige Freitreppe dürfte nach ihrer Fertigstellung wieder eine der schönsten im Freistaat sein. Clemens Wenzeslaus Coudray fertigte den achteckigen **Herderbrunnen** (1832). Ein ähnlicher gusseiserner Brunnen steht seit 1822 auf dem Frauenplan.

1566 entstand das als **Deutschritter-Haus** bezeichnete Renaissancegebäude an der Ostseite des Platzes. Das Tonnengewölbe im Keller stammt vom abgebrannten Vorgängerbau. Im gotischen Kreuzgewölbe des Erdgeschosses befindet sich ein Fischrestaurant. Ob die Deutschritter hier tatsächlich ein Haus hatten, ist nicht verbürgt. Dennoch hält einer von ihnen auf dem Schmuckgiebel Wacht. In dem Haus wohnten herzogliche Beamte, wie der Hof- und Theatertischler Johann Martin Mieding. Als er starb, schrieb Goethe seine Elegie „Auf Miedings Tod".

Herzog Carl August erwarb das Haus für seine Mätresse Caroline Jagemann. Bis zu ihr brauchte der Herzog nur wenige Minuten. Der kürzeste Weg führte durch die Mistgasse, die dank dieser Liaison in Mostgasse umbenannt wurde. Über die Schwangerschaften der Jagemann war man am Herderplatz gut informiert, denn in diesen Monaten war die Geliebte des Herzogs besonders geräuschempfindlich. Und wenn die Gassen vor ihrem Haus der rumpelnden Fuhrwerke wegen mit Stroh „gepolstert" wurden, wusste man: Es ist mal wieder so weit!

Jakobskirche und Friedhof

Das auf einem Hügel und inmitten des Friedhofes gelegene einschiffige Gotteshaus der Jakobsvorstadt entstand 1713. Es wurde zunächst als Garnisons-, nach dem Schlossbrand auch als Hofkirche genutzt. In den napoleonischen Kriegen war es Kornkammer und Lazarett. Eine am Pilgerweg nach Santiago de Compostela errichtete Kirche wurde schon 1168 erwähnt. Ein Stein an der südöstlichen Außenwand stammt aus dem Vorgängerbau.

Bis 1818 war der Jakobsfriedhof die einzige Begräbnisstätte der Stadt. 1840 wurde er geschlossen. Obschon viele Gräber inzwischen eingeebnet und manche Persönlichkeiten vor langer Zeit bereits umgebettet worden sind, stößt man in dieser liebevoll gepflegten Anlage noch immer auf vertraute Namen. Gleich an der Kirchen-Südwand steht die Kopie des Grabsteins von Lucas Cranach d. Ä. Das Original des vom Baumeister des Cranachhauses geschaffenen Grabmals befindet sich im Chor der Stadtkirche. Auch Georg Melchior Kraus, erster Direktor der herzoglichen Zeichenschule, wurde hier bestattet. Eine Tafel erinnert an Johann Carl August Musäus, eine Säule mit Urne an den Bildhauer Martin Gottlieb Klauer, eine Platte auf dem Rasen an den großherzoglichen Bibliothekar, „Schriftsteller und Italianist" Christian Joseph Jagemann, ein Grabstein an den Vorsitzenden des Geheimen Consistoriums, Staatsminister Jakob Friedrich Freiherr von Fritzsch …

Das meistbesuchte Grab ist das von Goethes Christiane. Es wurde erst 1888 wieder entdeckt. „Du versuchst, o Sonne, vergebens, / Durch die düstern Wolken zu scheinen! / Der ganze Gewinn meines Lebens / Ist, ihren Verlust zu beweinen", hatte Goethe auf ihren Tod gedichtet. Dieser Vierzeiler schmückt nun das efeuumrankte schlichte Grab.

Anstelle des „Kassengewölbes": Pavillon von 1913

Christiane von Goethe starb am 6. Juni 1816. Zehn Jahre zuvor hatte Goethe seine „kleine Hausfreundin" nach achtzehnjähriger Tisch- und Bett-Genossenschaft doch noch überraschend geheiratet. Und zwar hier! Für den plötzlichen Sinneswandel gab es einen triftigen Grund: Beim Eindringen napoleonischer Soldaten in das Haus am Frauenplan hatte sich Christiane schützend vor ihren Liebsten gestellt und diesem damit vermutlich das Leben gerettet. Das rührte den 57-Jährigen zutiefst. Nur fünf Tage später, am 19. Oktober 1806, heiratete er Christiane Vulpius. Die Trauung fand in der Sakristei statt, denn in der Kirche stöhnten die Verwundeten aus der Schlacht von Jena und Auerstedt. Der Hof- und Garnisonsprediger Günther (Grabplatte an der Nordwand) vollzog die Zeremonie. In die Eheringe hatte Goethe den 14. Oktober eingravieren lassen, den Tag, an dem Christiane rettend vor ihn sprang.

In der südöstlichen Ecke des Friedhofs bezeichnet ein 1913 gesetzter Pavillon die Stelle, an der sich bis 1854 das Landschafts-Cassen-Gewölbe befand. In dieser Standespersonen vorbehaltenen Gruft wurde in der Nacht zum 12. Mai 1805 auch Friedrich von Schiller bestattet. Zur Trauerfeier am Nachmittag war die Kirche bis auf den letzten Platz besetzt. Die keinen Einlass gefunden hatten, standen bis weit auf den Friedhof hinaus. Goethe war nicht unter den Trauernden. Selbst erkrankt, hatte man den Tod des Freundes vor ihm verheimlicht.

1826 sollte das überfüllte „Kassengewölbe" geschlossen und ausgeräumt werden. Der Bürgermeister Carl Leberecht Schwabe, ein Verehrer des Dichters und 21 Jahre zuvor an der würdigen Überführung des Leichnams beteiligt, wollte Schillers Gebeine für die Nachwelt retten. Mit seinen Begleitern stieg er in die modrige Gruft hinab. Da viele der übereinander stehenden Särge schon zerfallen waren und eine einwandfreie Zuordnung der Gebeine nicht

Grabplatte der Christiane von Goethe

mehr möglich war, nahm man 23 Schädel zur näheren Bestimmung mit. Nach deren Säuberung fiel Schwabe die Identifizierung nicht schwer: Er zeigte auf den größten Schädel und sagte: „Der!" Denn schließlich sei Schiller zu Lebzeiten ja der größte Mann in Weimar gewesen. Bei den Gebeinen ging man dann ebenso pragmatisch vor.

Der Schädel bekam zunächst einen Ehrenplatz in der Großherzoglichen Bibliothek. Ein Jahr später erfolgte der nächste Umzug. Diesmal in die gerade fertig gestellte Fürstengruft. Fortan ruhten Schädel und Gebeine im Schiller-Sarkophag. Die Frage nach der Echtheit der Fundstücke tauchte von Zeit zu Zeit immer wieder auf. 1911 erhielt der Tübinger Anatom August von Froriep die Erlaubnis, noch einmal im Gruftbereich des Jakobsfriedhofes tätig zu werden. Froriep wurde fündig und präsentierte einen neuen, vermeintlich den richtigen Schädel.

Von da an gab es in der Großherzoglichen Fürstengruft Schiller im Doppel-Pack. Um das Rätsel zu lösen, entschlossen sich die Klassik Stiftung Weimar und das Landesfunkhaus Thüringen des MDR den „Schiller-Code" zweihundert Jahre nach des Dichters Tod mit modernsten Forschungsmethoden zu knacken. Seit 2008 weiß man nun: Wo „Schiller" drauf steht, ist Schiller nicht drin! Und so liegt die Vermutung nahe, dass seine Gebeine noch immer auf diesem alten Friedhof ruhen oder sie wurden gestohlen.

Die Jakobskirche ist einschiffig, sie besitzt einen Kanzelaltar und drei Galerien. Links vor dem Chorraum befindet sich das Grabmal für Charles Gore und die Seinen. Goethes englischer Freund liebte die Künste und war 1791 mit seinen schönen Töchtern nach Weimar gezogen. Wer es sich zutraut, der sollte unbedingt die 114 Stufen zur ehemaligen Türmerwohnung hinaufsteigen. Durch die Fenster hat man einen großartigen Ausblick auf die markanten Gebäude der Stadt. Zu sehen sind auch die Bausünden, vor allem im Jakobsviertel. Das Hochhaus war als Internat der Hochschule für Architektur und Bauwesen zwischen die historische Bausubstanz gesetzt worden. Noch Schlimmeres verhinderte die Wende.

Den Glockenstuhl bekommt man bereits im fünften Stock zu Gesicht. Das Mittagsläuten setzt Punkt zwölf Uhr ein. Doch bis dahin rette man sich besser in eines der anderen Geschosse.

Neues Museum und Gauforum

Der Prager Architekt Josef Zitek entwarf das repräsentative Gebäude im Stil der Neorenaissance. 1869 eröffnet, war es der erste Museumsneubau Thüringens. Das Großherzogliche Museum wirkte wie der Mittelpunkt eines neuen Stadtviertels. Großherzog Carl Alexander hatte den Bau veranlasst, um seine umfangreichen Sammlungen präsentieren zu können. Begeistert nahm das Publikum den gerade fertig gestellten Odyssee-Zyklus von Friedrich Preller d. Ä. auf. Mit seiner Landschafts- und Menschendarstellung war dem Maler eine geradezu „klassische Nachdichtung" des griechischen Heldenepos gelungen.

Nach dem Ersten Weltkrieg wurde aus dem Großherzoglichen Museum das Landesmuseum. Von 1933 bis 1937 residierte der NS-Reichsstatthalter und Gauleiter Fritz Sauckel in dem Palais. Im Februar 1945 bekam das Gebäude noch einen Bombentreffer. Die eingemauerten Prellerbilder waren davon jedoch nicht betroffen. Jahrzehntelang leerstehend und vernachlässigt, erfolgte schließlich doch noch eine aufwendige Sanierung und am 1. Januar 1999, pünktlich zu Beginn des Kulturstadtjahres, öffnete in dem alten Bauwerk das Neue Museum.

Bei der Innen- und Außengestaltung hatten so renommierte Künstler wie Daniel Buren und Sol LeWitt mitgewirkt. Der Sammler Paul Maenz stellte damals Arbeiten der jüngeren internationalen Avantgarde zur Verfügung. Damit besaß Weimar das erste Museum für moderne Kunst im Osten. Auch Prellers Odyssee-Saal ist seither wieder zu sehen. In Wechselausstellungen werden zeitgenössische Kunst sowie Werke aus der Epoche der Klassik präsentiert. Auf der Freitreppe steht „Der Große Geist" von Thomas Schütte (Jahrgang 1954).

Vor dem Landesmuseum erfolgte am 4. Juli 1936 in Anwesenheit Hitlers der erste Spatenstich für das Gauforum. Zuvor waren bereits das Flüsschen Asbach verlegt und 139 Häuser der alten Jakobsvorstadt abgerissen worden. Im Jahr darauf legte Rudolf Hess den Grundstein für die „Halle der Volksgemeinschaft". Fast zeitgleich entstand auf dem Ettersberg das Konzen-

„Der Große Geist", 1998

Weimarplatz mit Atrium

trationslager Buchenwald, dessen Häftlinge auch am Gauforum eingesetzt wurden.

Derartige, den Machtanspruch verkörpernde Großbauten sollte es für die Partei- und Gauleitungen in mehreren Städten geben. Doch nur in Weimar kam man über die Planungsphase hinaus. Hitler schlug dem Architekten Hermann Giesler noch manche Ergänzung vor. So sollte das in Südrichtung gelegene „Gebäude des Reichsstatthalters und Gauleiters" einen Glockenturm erhalten, höher als jeder andere Turm der Stadt. Der „Halle der Volksgemeinschaft" gegenüber wurde das „Gebäude der Deutschen Arbeitsfront" gebaut. Die Gliederungen der NSDAP erhielten auf der Nordseite des nach Adolf Hitler benannten Platzes ihre Zentralen.

Bis 1943 waren die Gebäude fertig gestellt. Nur die für 20 000 stehende Volksgenossen konzipierte „Halle der Volksgemeinschaft" blieb Fragment, weshalb sie „Hitler-Rippe" genannt wurde. In den Siebzigerjahren begann man mit dem Ausbau zu einem Mehrzweckgebäude, in dem Kurzwaren produziert und Robotron-Computer zusammengebaut wurden sowie Ärzte ihre Praxen hatten. Das nach der Wende verwaiste Bauwerk wurde entkernt und zu einem Einkaufs- und Erlebniszentrum, dem Weimar-Atrium umgebaut.

Die übrigen Gebäude des ehemaligen Gauforums waren nach dem Krieg von der sowjetischen Militäradministration, später von Fachschulen, der Bauhochschule und verschiedenen Behörden genutzt worden. 1990 zog das Thüringische Landesverwaltungsamt in die denkmalgeschützten Flügel ein. Bei der Sanierung wurde durch verschiedene Farbgebung versucht, den „Forumscharakter" aufzubrechen. In einem Seitentrakt des früheren Glockenturmgebäudes befindet sich eine Ausstellung zum Gauforum. An der Schnittstelle zwischen Altstadt und ehemaligem Forum wird bis 2015 das neue Bauhaus-Museum entstehen.

Weimarhalle und Stadtmuseum

Zum einhundertsten Todestag Goethes bekamen die Weimarer endlich ihre Stadthalle. Die Einweihung nahm Reichskanzler Brüning vor. Am 21. März 1932 sprach Thomas Mann. In dem zweitausend Besucher fassenden Großbau war Hitler häufig zu Gast. Bis 1948 diente die Weimarhalle dem zerstörten Deutschen Nationaltheater als Interim. Anschließend zogen hier die Offiziere der 8. sowjetischen Gardearmee ein. Nach ihnen traten Heino, Erika Pluhar und Costa Cordalis auf. Politische Großveranstaltungen fanden statt. Baufällig geworden, riss man das Denkmal 1997 ab. Auf altem Grundriss wuchs das congress centrum neue weimarhalle empor – inzwischen einer der beliebtesten Tagungsorte in Deutschland, hochmodern, vielfältig nutzbar, für 1 200 Gäste entworfen und umgeben von einem großartigen Park.

Dieser Weimarhallenpark geht auf Friedrich Justin Bertuch zurück. 1777 erwarb der dreißigjährige Jungunternehmer den vor der Stadt gelegenen fürstlichen Baumgarten. Er erweiterte das Areal stetig und ließ es zu einer Parkanlage umgestalten. Auf dem Schwanenseeteich brachte der Eislauf begeisterte Goethe Carl August und den Seinen das Schlittschuhlaufen bei. Die junge Herzogin Luise, heißt es, habe sich „mit besonderer Grazie" übers Eis bewegt. Bertuchs Familiengrab befindet sich in der

Das Bertuchhaus beherbergt heute das Stadtmuseum

Grüne Idylle mitten in der Stadt: der Weimarhallenpark

Südwestecke. Nach Osten hin begrenzt ein zwischen 1780 und 1802 errichteter, neunzig Meter langer Wohn- und Geschäftsbau mit klassizistischer Vorhalle die Anlage. Schon Schiller berichtete 1787 über seinen ersten Besuch im Bertuchhaus: „Es ist mit Geschmack gebaut und recht vortrefflich möbliert", und er versicherte, der Hausherr habe „ohnstreitig in ganz Weimar das schönste Haus".

Bertuch war einer der reichsten Männer in Weimar. Er hatte ein „Industrie-Comptoir" gegründet, eine Manufaktur für Tongeschirr, für künstliche Blumen und allerlei mehr. Zudem war er Schriftsteller, Buchhändler und Übersetzer. Von 1786 an gab er gemeinsam mit Georg Melichor Kraus, dem Direktor der „Fürstlichen freyen Zeichenschule", das „Journal des Luxus und der Moden" heraus. 1804 gründete er das „Geographische Institut", stellte Atlanten, Karten und Globen her. Zeitweise arbeiteten bis zu dreihundert Kupferstecher, Lithographen und Setzer, Buchdrucker und Buchbinder bei Bertuch. Damit war er der wichtigste Arbeitgeber der Stadt.

In das Bertuchhaus zog 1955 das Stadtmuseum ein. Seine Sammlung umfasst rund 100 000 Exponate. Wer Weimar als einen besonderen Ort in der Geschichte begreifen und mehr über seine Vorgeschichte erfahren will, ist hier richtig. Die Ausstellung spannt einen Bogen von den frühesten Anfängen bis in die Gegenwart. Zu den Schwerpunkten gehören die Weimarer Jahre von Johann Sebastian Bach und das Wirken von Friedrich Justin Bertuch, der auch das pädagogisch bedeutsame „Bilderbuch für Kinder" in zehn Bänden und Literatur für den Garten herausbrachte.

Sehr umfassend und anschaulich wird der Besucher zudem über die Gründungsgeschichte der Weimarer Republik informiert. Das Stadtmuseum verwahrt bedeutende Nachlässe, darunter die der Fotografen Louis Held und Ella Beyer-Held sowie des Verlegers Hermann Böhlau. Und was das Fräulein Vulpius im Unternehmen von Friedrich Justin Bertuch tat, ehe es einem älteren Geheimrat in sein Gartenhäuschen folgte, das erfährt man in diesem Museum natürlich auch.

Goetheplatz

Wer im alten Weimar ein Schwein kaufen wollte, ging vor die Stadtmauer am Erfurter Tor. Dort befanden sich der Schweinsmarkt und das Scheunenviertel. Als es 1797 niederbrannte, sah man das als Chance und begann mit der längst überfälligen Erweiterung der Stadt. Gräben und Teiche wurden verfüllt und um den entstandenen begrünten Platz kostengünstig Häuser gebaut.

In eines der ersten Gebäude zog die „Löwenapotheke" ein. Ein Gasthof eröffnete im Nachbarhaus, der 1805 zu Ehren des Bruders von Maria Pawlowna den Namen „Alexanderhof" erhielt. Als **„Russischer Hof"** zählte er alsbald zu den beliebtesten Herbergen der Stadt. Während des „Silbernen Zeitalters der Musik" galt er als wichtiger Intellektuellen-Treff; auch Franz Liszt verkehrte hier. Wer heute das Grandhotel betritt, wird mit einem in den Boden eingelassenen „Bon soir, Ihr Lieben!" begrüßt. Diese Worte rief Franz Liszt bekanntlich Clara und Robert Schumann zu, als er das erste Mal Weimar besuchte und den „Russischen Hof" betrat.

Das älteste Bauwerk am Goetheplatz ist der **Kasseturm**. Einst Teil der Stadtbefestigung, nahm er nach dem Schlossbrand von 1774 die Landschaftskasse, die oberste Finanzbehörde des Herzogtums, auf. Der Baumeister Anton Georg Hauptmann hatte den Turm in weiser Voraussicht um ein Geschoss erhöht und mit einem Kegeldach versehen. Dadurch blieb er beim Abriss der Stadtmauer verschont. Nach dem Auszug der Behörden wurde der Kasseturm unterschiedlich genutzt. Im zwanzigsten Jahrhundert diente er als Luftschutzkeller, dann wieder als Obst- und Gemüselager, bis er allmählich verfiel. Schließlich nahmen sich Studenten der Bauhochschule seiner an. 1962 entstand auf Initiative der Hochschul-FDJ-Leitung im Kasseturm der erste Studentenklub der DDR. Seit 1990 betreibt der „Studentenklub Kasseturm Weimar e.V." das historische Gemäuer und sorgt auf drei Ebenen für Unterhaltung, Geselligkeit und anspruchsvolle Programme.

Eine Arkade verbindet den Turm mit dem **Kultur- und Jugendzentrum „mon ami"**. Der Schinkel-Schüler Ferdinand Streichhan hatte das klassizistische Bauwerk errichtet, in das 1860 der siebzig Jahre zuvor gegründete Bildungsverein „Ressource" einzog. Die Goethe- und die Deutsche Shakespeare-Gesellschaft tagten hier. Letztere war 1864 an eben dieser Stelle gegründet worden.

Auch das zur Geleitstraße hin gelegene Eckgebäude ist ein Streichhan-Bau, initiiert und finanziert von Maria Pawlowna für die 1831 gegründete Lesegesellschaft „Museum". Streichhan kopierte dazu den Nike-Tempel der Akropolis. Die Einweihung des **Lesemuseums** fand 1859 statt, dem Todesjahr von Maria Pawlowna. Hinter der offenen Säulenhalle befand sich der Lesesaal. Darin lagen alle wichtigen europäischen Journale aus, die sich mit Politik und Geschichte befassten, mit Wissenschaft, Mode und Kunst. Der vordere Teil des Hauses ruht auf Pfählen, die in den verfüllten Stadtgraben getrieben worden sind. Der hintere Abschnitt besitzt deshalb einen Hochkeller und steht auf alten Stadtmauerresten.

Der **Brunnen** an der Geleitstraße stammt von 1864. Das Becken war für den Gänsemännchenbrunnen in der Schillerstraße bestimmt, eignete sich aber nicht und wurde versetzt. Am Sockel befindet sich, wie an vielen Altstadt-Brunnen, der obligatorische Trinkstein für Vierbeiner. Davon hatte der Löwen-Apotheker Theodor Lüdde seiner Heimatstadt ein knappes Dutzend geschenkt.

Der Goetheplatz ist heute Weimars wichtigster innerstädtischer Verkehrsknotenpunkt. Bis 1945 hieß er Karlsplatz. Von dem

1907 eingeweihten **Reiterdenkmal** für den Großherzog Carl Alexander existiert nur noch der fünfzehn Tonnen schwere Quader aus Fichtelberg-Granit. Mit seiner Frau Sophie gilt Carl Alexander als „Bewahrer des klassischen Weimar". Sein Denkmal wurde 1938 versetzt. Weil der Großherzog eine Uniform trug, schmolz man Ross und Reiter nach dem Krieg ein. Fünfzig Jahre später wurde der mächtige Sockel bei Erdarbeiten am Buchenwaldplatz entdeckt. Nun steht wenigstens er, an Weimarer Geschichte, an Geschichten und Brüche erinnernd, wieder am alten Ort.

Im Palais am Goetheplatz Nummer 9 befindet sich gegenwärtig die **Kunsthalle Weimar Harry Graf Kessler**. Sie fühlt sich wie der 1937 in Lyon verstorbene Schöngeist der weltweiten Moderne verpflichtet und richtet im Jahr mehrfach wechselnde Ausstellungen aus.

1880 ließ Carl Alexander ein Palais im Stil der italienischen Renaissance errichten. Es diente dem Museum für Kunst und Kunstgewerbe als Ausstellungsort. Von 1902 bis 1906 leitete Harry Graf Kessler das Haus mit dem angeschlossenen Kunstkabinett. Kessler stellte Klinger und Liebermann in Weimar aus, holte die modernen Franzosen wie Cézanne, Renoir, Rodin, Seurat in seine Ausstellungen und Henry van de Velde als Lehrer an die Ilm. 1913 gründete er mit der Cranach Presse eine Maßstäbe setzende eigene Druckerei, in der er Gerhart Hauptmanns Werke druckte. Nicht alles verstand und nicht alles wollte man in Weimar. Am Ende fiel Kessler bei Carl Alexanders Nachfolger in Ungnade. In einer seiner Ausstellungen zeigte er weibliche Akte, darunter auch ein paar sehr freizügige Blätter mit einer persönlichen Widmung von Auguste Rodin für den Großherzog. Das ging dem Beschenkten und seinen missgünstigen Beratern dann doch zu weit!

Klassizismus-Bau von Ferdinand Streichhan

Nationaltheater mit Goethe-Schiller-Denkmal

Theaterplatz

Goethe-Schiller-Denkmal

Rietschel hatte geschummelt! Goethe war kleiner – wenigstens einen halben Kopf. Aber dass er dessen Linke so freundschaftlich auf Schillers Schulter platziert und diesen sogar nach dem Lorbeerkranz greifen lässt, macht alles wieder wett.

Ursprünglich sollte Christian Daniel Rauch das Denkmal für den Theaterplatz schaffen. Der wollte, dass die beiden antik gewandet auf dem Sockel stehen, doch das akzeptierten die Weimarer nicht. Rauchs Schüler Ernst Rietschel übernahm schließlich den Auftrag. Er schuf das Dichterpaar im zeitgenössischen Habit: Schiller als Privatier, den untersten Westenknopf kess geöffnet; Goethe mit Stehkragen und „Degenrock". Das gefiel!

Großherzog Friedrich von Baden sponserte das Postament, die Bronze kam aus Bayern, und eine (wenn auch unfreiwillige) türkische „Beteiligung" gab es auch. Während des griechischen Freiheitskampfes war die feindliche Flotte am 20. Oktober 1827 vor Navarino (Pylos) versenkt worden. Die später gehobenen Bronzekanonen schickte König Otto I. von Griechenland seinem Vater König Ludwig I. nach Bayern. In der Königlichen Erzgießerei zu München wurden sie eingeschmolzen. Ferdinand von Miller goss daraus neben der 18 Meter hohen „Bavaria" auch das Weimarer Dichterpaar. Die Einweihung vor dem Hoftheater fand am 4. September 1857 statt, dem einhundertsten Geburtstag von Herzog Carl August.

Deutsches Nationaltheater

Das Theater, 1791 als Hoftheater neu eröffnet, stand 26 Jahre unter Goethes Direktorat. Jener reichte, der ständigen Stänkereien überdrüssig, 1817 seinen Rücktritt ein. Den Auslöser lieferte Carl Augusts Mätresse Caroline Jagemann, als sie beim Herzog den Bühnenauftritt eines Pudels durchsetzte. Das ging Goethe, bei dem des Pudels Kern das Böse ist und der zudem unter einer Hundephobie litt, entschieden zu weit.

Als ein Höhepunkt in der Geschichte des Theaters gestaltete sich die Zusammenarbeit zwischen Goethe und Schiller. „Gegen das neue Theater sind die anderen deutschen nur Kulissen!", ließ Jean Paul 1798 nach der Uraufführung von „Wallensteins Lager" verlauten. Auf dem Weimarer Theater gelangten fast alle Stücke von Goethe und Schiller zur Uraufführung. Darüber hinaus wurde viel Shakespeare gespielt, Lessing natürlich, Iffland und immer wieder Kotzebue. Letzterer hatte über 200 Stücke verfasst, knapp die Hälfte davon wurde von Goethe inszeniert. Auch Oper, Singspiel und Operette genossen im Weimar der Goethezeit hohes Ansehen. Sechstausend Besucher erlebten allein die Aufführungen der „Zauberflöte".

1825 brannte das Theater ab. Nach nur fünf Monaten öffnete, von Clemens Wenzeslaus Coudray entworfen, ein Neubau seine Pforten, den 1908 ein Theatergebäude im Stil des Neoklassizismus ersetzte. Im Januar 1919 in Deutsches Nationaltheater umbenannt, tagten darin vom 6. Februar bis in den Sommer hinein die Abgeordneten der Nationalversammlung und schufen die Rechtsgrundlagen für die Weimarer Republik. Eine von Walter Gropius gestaltete Tafel erinnert an den 7. August 1919, als sich „das deutsche Volk eine Verfassung gab". 1926 hielt die wieder gegründete NSDAP am gleichen Ort ihren ersten Reichsparteitag ab. Neunzehn Jahre später waren Europas Städte zerstört, war die braune Barbarei vorüber, und auch vom Deutschen Nationaltheater ragten nur noch Ruinen auf.

Bis 1948 hatte man die schlimmsten Schäden beseitigt. Zum Goethe-Geburtstag am 28. August wurde mit seinem „Faust" – der

Bauhaus-Museum in der ehemaligen Wagenremise

Bauhaus-Museum

Auch Lyonel Feininger war Amerikaner und liebte die Musik. Nach 1893 arbeitete er zunächst als Illustrator und Karikaturist in Deutschland. Der Malerei wandte er sich erst später zu, mit sechsunddreißig und als „vergnügter Greis". Walter Gropius berief ihn 1919 als Meister an das Staatliche Bauhaus, bis 1925 leitete er die Druckwerkstätten.

Arbeiten von Feininger sind im Bauhaus-Museum zu sehen. Es zeigt eine repräsentative Auswahl von Werken jener Künstler und Handwerker, die zu Beginn des 20. Jahrhunderts in Weimar gewirkt und die „Revolution des Designs" ausgelöst haben. So begegnen uns neben Exponaten von Gropius und Feininger auch Arbeiten von Kandinsky und Johannes Itten, von Marcks, Muche, van de Velde und Klee.

Die Ausstellung verdeutlicht die Entwicklung der Weimarer Kunst und Kunstschulen in der Zeit von 1900 bis 1930. Hauptaugenmerk gilt dem „Staatlichen Bauhaus Weimar". Aber auch die Kunstgewerbeschule von Henry van de Velde sowie die Bauhaus-Nachfolgeeinrichtung von Otto Bartning (1926-30) werden vorgestellt. Besucher erfahren, wie die Ideen der Bauhäusler Architektur und Design beeinflusst haben und bis in unsere heutige Lebenswelt hineinwirken.

Weimar besitzt eine der weltweit umfangreichsten Bauhaussammlungen. Allein die Ausstellung am Theaterplatz präsentiert weit über 300 ausgewählte Exponate, darunter die zeitlos-schöne Tischlampe von Jucker & Wagenfels, die geniale Kinderwiege von Peter Keler und den Marcel-Breuer-Stuhl.

Tragödie erster Teil – das Theater wieder eröffnet. Eine Tafel verweist auf die Begegnungen zwischen Johannes R. Becher und Thomas Mann, Kulturminister und Ost-Emigrant der eine, Nobelpreisträger und West-Emigrant der andere. Gemeinsam ehrten sie hier im August 1949 und im Mai 1955 Goethe und Schiller, zum 200. Geburtstag des einen, zum 150. Todestag des anderen Klassikers und mitten im Kalten Krieg.

Das Deutsche Nationaltheater ist ein Dreispartentheater, das sich der Klassik wie der Moderne verpflichtet fühlt und zu den bedeutendsten Spielstätten des Landes gehört. Auf noch weiter zurückreichende Traditionen kann sich die Staatskapelle Weimar berufen. Im Jahre 1491 als Hofkapelle erstmals erwähnt, ist sie wohl die älteste ununterbrochen existierende Musikkapelle der Welt. In der Nachkriegszeit wurde sie besonders durch Hermann Abendroth und Gerhard Pflüger geprägt, später auch durch George Alexander Albrecht, Jac van Steen sowie den gebürtigen Amerikaner Carl St. Clair.

Das Museum befindet sich in der 1823 von Coudray entworfenen Wagenremise, einem flachen Gebäude mit hohen Bogenfenstern und klassizistischem Dreiecksgiebel. Die Einweihung fand 1995 statt, siebzig Jahre nach der Vertreibung des Staatlichen Bauhauses aus Weimar. Ein Museumsneubau ist für 2015 geplant.

Wittumspalais

Wittumspalais

In kraftvollem Gelb erstrahlt das Wittumspalais. Der Geheimrat Freiherr von Fritsch ließ es auf ehemaligem Klostergrund erbauen und stellte es seiner Herzogin nach dem Schlossbrand 1774 großzügig zur Verfügung. Anna Amalia gefiel das Anwesen. Sie kaufte ihrem Minister die spätbarocke Zweiflügelanlage ab und richtete, nachdem Carl August die Regierung übernommen hatte, hier ihren Witwensitz ein. Goethe sowie die Maler Johann Heinrich Meyer und Adam Friedrich Oeser standen ihr bei der Ausgestaltung beratend zur Seite. Letztere brachten sich auch als Künstler ein: Oeser mit seiner hinreißenden Deckenausmalung, Meyer unter anderem mit seinem Stuccolustro, dem leuchtenden Stuck.

Im Wittumspalais fanden die berühmten „Tafelrunden" statt. Die boten geselliges Beisammensein und tiefschürfende Diskussionen bei Kakao und Tee. Dazu lud Anna Amalia Gleichgesinnte ungeachtet ihrer Herkunft ein. „Bei der Herzogin-Mutter wird gewöhnlich montags gelesen", berichtete Herder als einer der Stammgäste und führte Stücke von Shakespeare, Goethe, Wieland und Lessing an. Auch Goethes „Freitagsgesellschaft" traf sich im Palais, um über Naturwissenschaft und Kunst zu reden. Louise von Göchhausen, die kleinwüchsige Hofdame der Herzogin, der wir die einzige Abschrift des „Urfaust" verdanken, lud ihrerseits allsonnabendlich zum Brunch.

Dreiunddreißig Jahre hatte Anna Amalia in diesem Palais gelebt. Sie starb am 10. April 1807. Nach ihrem Tod wurden einige Räume von der Freimaurerloge „Anna Amalia" genutzt, dienten als „Lesemuseum" und Atelier. 1875 eröffnete Großherzog Carl Alexander ein Museum. Damit wollte er die Wohnkultur des Adels um 1800 präsentieren und der „Mutter" des „Musenhofes" ein Denkmal setzen.

Die Wohnräume und insbesondere der Festsaal, das Zimmer der Tafelrunden und die Salons lassen den Geist dieser Epoche lebendig werden. Im Mal- und im Musikzimmer wird an Anna Amalias künstlerische Ambitionen erinnert. Sie komponierte, beherrschte mehrere Instrumente, besaß eine umfangreiche Notensammlung und war also auch auf diesem Gebiet eine ungewöhnliche Frau.

Schiller-Haus

„Ich habe dieser Tage endlich einen alten Wunsch realisiert, ein eigenes Haus zu besitzen. Denn ich habe nun alle Gedanken an das Wegziehen von Weimar aufgegeben und denke hier zu leben und zu sterben", schrieb Schiller 1802 an den Verleger Göschen nach Grimma. Da war er zweiundvierzig und hatte noch drei Jahre zu leben. Das Wunsch-Haus befand sich an der Esplanade, einer durch den Abriss der Stadtbefestigung entstandenen Promenade. Das 1777 erbaute zweigeschossige Gebäude hat etwas Anmutiges. Die Tür ist verschlossen. Wer nach vorn zu Schillers will, kommt von hinten rein, durch einen Museumsneubau. Dieser steht seit 1988 passgerecht in einer Bombenlücke und informiert den Besucher schon mal vorab über den Dichter, das Werk und die Weimarer Jahre.

Friedrich Schiller war am 3. Dezember 1799 mit seiner Frau und drei Kindern von Jena nach Weimar gezogen. Anfangs wohnte die Familie in der Windischengasse. Dann stand das Haus an der Esplanade zum Verkauf. Der Dichter borgte sich den fehlenden Betrag und im April 1802 zog er ein. Das Haus vermittelt einen guten Einblick in die Wohn- und Lebensverhältnisse der Schillers. Im Erdgeschoss befanden sich Küche, Wirtschaftsräume und das Domizil des Dieners Rudolph. Im Stockwerk darüber spielten sich Familienalltag und geselliges Leben ab. Hier hatte auch Charlotte Schiller ihr Refugium. Die Wände sind mit Bildern, mit Porträts und Kupferstichen geschmückt. Im Wohn- und Esszimmer hängen künstlerische Arbeiten von Schillers Frau und seiner älteren Schwester. In der Hängewiege schlief die Tochter Emilie, das einzige in Weimar gezeugte Kind.

Der Hausherr hatte sich in der Mansarde eingerichtet. Nach dem Erfolg der „Wallenstein"-Triologie entstanden in rascher Folge: „Maria Stuart", „Die Jungfrau von Orleans" und „Die Braut von Messina", Shakespeare-Bearbeitungen und der „Wilhelm Tell". Als Schiller starb, lag der unvollendete „Demetrius" auf dem Tisch ...

Das Arbeitszimmer ist der authentische Teil des Hauses. Schillers Frau hatte hier noch bis 1826 gewohnt. Danach wurde das Haus verkauft und das Inventar wechselte den Besitzer. 1847 erwarb die Stadt das Anwesen und richtete im Obergeschoss das erste Weimarer Literaturmuseum ein. Nach und nach kehrten Teile der ursprünglichen Einrichtung zurück, Fehlendes wurde ergänzt. Aus dem Schloss kam das Sterbebett. Den Schreibtisch brachte ein Enkel nach Weimar zurück.

Einmal hatte, wie Eckermann berichtet, der auf Schiller wartende Goethe davor Platz genommen und dabei eine wirklich erstaunliche Entdeckung gemacht: „Ich hatte nicht lange gesessen, als ich mich von einem heimlichen Übelbefinden überschlichen fühlte, welches sich nach und nach so steigerte, dass ich einer Ohnmacht nahe war. Endlich bemerkte ich, dass aus einer Schieblade neben mir ein sehr fataler Geruch kam. Als ich sie öffnete, fand ich zu meinem Erstaunen, dass sie voll fauler Äpfel war. Frau von Schiller sagte mir, die Schublade müsse immer mit solchen Äpfeln gefüllt sein, indem dieser Geruch Schillern wohltue und er ohne ihn nicht leben und nicht arbeiten könne."

Im Mai 2008 erfuhr die Öffentlichkeit von einer noch schwerwiegenderen „Belästigung": Im Zusammenhang mit der Skelett- und Schädeluntersuchung waren auch die Schiller-Locken aus Weimar analysiert worden. Dabei hatte man eine massive Konzentration von Schwermetallen festgestellt, was im Nachhinein so manches Krankheitssymptom des Dichters erklären hilft. Licht ins Dunkel brachte ein „giftgrünes" Tapetenfetzlein aus Schillers Arbeitszimmer. Bearbeitet mit dem damals gängigen Schweinfurter Grün, übertraf die gemessene Bleikonzentration die eines heutigen Industriegebietes um das Hundertfache! Auf Schillers Arbeitszimmer hochgerechnet, steckten fünf Kilogramm Arsen und fünfzehn Kilogramm Blei in der Tapete. Der auch noch mit Quecksilber und Cadmium angereicherte „Gift-Cocktail" dürfte den Dichter zwar primär nicht umgebracht, seinen Krankheitsverlauf jedoch gehörig beschleunigt haben.

Friedrich Schiller starb am 9. Mai 1805. Zuletzt hatte man ihm das Bett ins Arbeitszimmer gestellt. Am Morgen des 10. Mai nahm Johann Christian Ludwig Klauer, der Sohn des bereits verstorbenen Hofbildhauers, die Totenmaske ab und Ferdinand Carl Christian Jagemann zeichnete Schiller auf dem Sterbebett. Der obduzierende Leibarzt Dr. Huschke konnte in dem Toten nur zwei gesunde Organe feststellen. Und dass der Dichter angesichts dieser vielen Defekte überhaupt so lange hatte leben und arbeiten können, erstaunte den Hofrat dann doch.

Die Überführung zum Jakobsfriedhof fand in der Nacht auf den 12. Mai statt. Handwerker sollten, wie es in Weimar Brauch war, den Sarg vom Totenhaus abholen und

Arbeitszimmer Friedrich Schillers

tragen. Doch ein Verehrer des Dichters, Carl Leberecht Schwabe, trommelte gegen den Willen des Geistlichen 22 Gleichgesinnte zusammen: Schauspieler, Stadtbeamte, Literaten und Maler. Die trugen dann den Toten nach Mitternacht im Wechsel durch die schlafende Stadt. Schulkinder gingen dem Zug mit Laternen voran, und die ausgeladenen Zunft-Träger, allesamt Schneidergesellen, eilten hochzufrieden nach Hause. Schwabe hatte sie aus eigener Tasche für den Ausfall entlohnt.

Frauenplan

Wen man in Weimar aus den Augen verliert, den trifft man am Frauenplan wieder! Seinen Namen trägt der Platz nach der Kapelle „Zu unserer Lieben Frau". Als die Stadtbefestigung niedergelegt wurde, fiel auch das Frauentor am Eingang zur heutigen Schillerstraße. Der Frauenplan wurde zum Mittelpunkt der wachsenden Frauenvorstadt. Der Platz war ursprünglich kleiner. Die Pergola markiert die historische Begrenzung. Was dahinter gestanden hat, wurde im Zweiten Weltkrieg zerstört.

Ein von Coudray geschaffener klassizistischer Brunnen, für den sich der Name Goethebrunnen eingebürgert hat, schmückt seit 1822 diesen Platz. Die Abiturienten des Goethe-Gymnasiums lassen sich hier taufen und Besucher, die wiederkommen wollen, werfen eine Münze hinein. Seit 1990 feiern die Weimarer mit ihren Gästen den Geburtstag Johann Wolfgang Goethes mit einem Weinfest am Frauenplan.

Der Dichter aß gern im Gasthaus „Zum weißen Schwan" und brachte hier seine Gäste unter. „Das Stübchen im Schwane bleibt dir vorbehalten, und wir können jeden Augenblick zusammen froh und nützlich zubringen", schrieb er 1827 an seinen Freund Zelter nach Berlin. Die Kugel in der Außenmauer ist französischer Herkunft und erinnert an die Niederlage von Jena und Auerstedt anno 1806.

„Zum weißen Schwan" und Goethe-Haus am Frauenplan

Goethe-Haus

Weimars bekanntestes Gebäude ist das Goethe-Wohnhaus am Frauenplan. Bei großem Andrang muss man sich gedulden, denn innerhalb einer Stunde dürfen nicht mehr als einhundert Besucher in das 1707 erbaute Gebäude hinein. 1782 zog Goethe als Mieter ins Vorderhaus. Der Herzog wollte ihn „standesgemäßer" untergebracht sehen. Außerdem fehlte im Gartenhaus für seine beständig wachsenden Sammlungen der Platz. Das neue Haus begeisterte ihn. „Wie viel mir die neue Einrichtung an Arbeit erleichtert, ist kaum zu sagen, ich kann in eben der Zeit mit gleicher Mühe noch einmal so viel tun!", schrieb er an den Herzog. Goethe wohnte bis 1789 am Frauenplan. 1792 zog er wieder hier ein. Diesmal mit Christiane (im „Ehestand ohne Zeremonie") und mit dem gemeinsamen Sohn.

Herzog Carl August hatte das Haus gekauft und dem Freund später geschenkt. Eine Phase des Um- und Anbauens begann. Für das Vorderhaus entwarf Goethe eine Treppe, wie er sie in Italien gesehen hatte: mit geringer Stufenhöhe, ideal für Dichter und Denker, weil trittsicher und ungewöhnlich breit. Das eingeschossige Hinterhaus, wo Goethe seine Privat- und Arbeitsräume und Christiane ihr Refugium hatte, ließ er durch ein Brückenzimmer über den Hof mit dem Vorderhaus, wo die Repräsentationsräume lagen, verbinden.

Das sogenannte Junozimmer im Goethe-Nationalmuseum

Goethes Bibliothek

Vier glückliche Jahrzehnte lebte Goethe noch einmal in diesem Haus. Bedeutende Persönlichkeiten gehörten zu seinen Gästen, besichtigten seine Sammlungen, führten Gespräche zu allen nur denkbaren Gegenständen. Im Gelben Saal, den die meisten mit einem Groß-Schritt betreten, weil sie sich das in den Fußboden eingelassene „SALVE" (Sei gegrüßt!) nicht zu berühren getrauen, speiste man mit den Gästen und traf sich die Freitagsrunde. Am Flügel des Junozimmers saßen Mendelssohn-Bartholdy und das zwölfjährige Wunderkind aus Leipzig, Clara Wieck. Einmal in der Woche kam auch die geistvolle Großherzogin Maria Pawlowna zu Besuch.

Goethe starb am 22. März 1832 im Lehnstuhl sitzend in seiner Schlafkammer im Hinterhaus. Ob seine letzten Worte „Mehr Licht" oder „Mehr nicht!" lauteten (im Sinne von: Nun reicht es aber; ich hab' genug getan!), sei dahingestellt. Nach dem Tod des letzten Goethe-Enkels Walther am 15. April 1885 trat der Staat das Erbe über die Liegenschaften und Sammlungen an. Die Großherzogin Sophie erbte den schriftlichen Nachlass.

Am 8. August gab es bereits das Goethe-Nationalmuseum. Ein Jahr danach wurde am Frauenplan das Vorderhaus, 1887 auch das Hinterhaus für Besucher geöffnet. 1913 entstand zur Seifengasse hin ein „Sammlungs-Bau", der 1935 einen Seitenflügel erhielt. Hier werden in einer Dauerausstellung große Teile der Goetheschen Sammlungen präsentiert. Zur Kunstwissenschaft gibt es 26 000 Objekte, beginnend im 16. Jahrhundert; die naturwissenschaftliche Sammlung enthält allein 18 000 Mineralien und Gesteine; die Bibliothek im Hinterhaus umfasst 6 000 Bände. In den zurückliegenden Jahren hat das Goethe-Nationalmuseum großartige Sonderausstellungen ausgerichtet. Seit Sommer 2012 präsentiert es auf zwei Etagen die neue Dauerausstellung zu Leben und Werk Goethes: „Lebensfluten – Tatensturm".

Zum Goethe-Nationalmuseum gehört auch der vom Dichter wie vom Naturforscher gleichermaßen geliebte Hausgarten zur Ackerwand. Kein Brief von Christiane an den abwesenden Hausherrn blieb ohne eine Neuigkeit über seine Bäume und Beete. Gäste, die er mochte, führte er meist in den Garten. Auch Alexander von Humboldt und der Gartenkünstler Fürst Pückler-Muskau standen hier. Am 13. Oktober 1829 dachte Goethe nach einem Gartenbesuch über die Spiralgefäße in Pflanzen nach. 81-jährig nahm er den „Aufsatz über die Spiraltendenzen" in Angriff. Vier Monate vor seinem Tod ließ er vom Kunstgärtner Motz einen uralten ungarischen Weinstock „methodisch verstümmeln", weil der im Herbst nur sechs Trauben getragen hatte. Und Motz versicherte, es würden achtzig sein im nächsten Jahr!

Historischer Friedhof

Im Frühjahr 1818 wurde der „Neue Friedhof vor dem Frauentore" eingeweiht. Seiner berühmten Toten und seiner Grabdenkmale wegen gehört er zu den interessantesten Begräbnisstätten in Deutschland. Herzstück der Anlage ist die von Clemens Wenzeslaus Coudray als Grablege des Herzoghauses entworfene Fürstenkapelle. 1827 vollendet, besticht sie durch Schlichtheit und Formensprache.

26 Särge aus dem Stadtschloss wurden schon 1824 überführt. Der älteste Tote war der 1598 geborene Herzog Wilhelm IV.; der jüngste Anna Amalias 1758 verstorbener Gemahl. Am 16. Dezember 1827 erhielten die Friedrich Schiller zugeschriebenen exhumierten Gebeine und sein in der Fürstlichen Bibliothek aufbewahrter Kopf einen würdigen Platz in der neuen Gruft. Im Jahr darauf wurde Carl August zu Grabe getragen, am 26. März 1832 Goethe. Damit war das Freundes-Trio wieder vereint – dachte man.

Ab 1911 suchte der Anatom August von Froriep auf dem Jakobsfriedhof nach dem „wahren" Schiller-Schädel und präsentierte einen Fund. In der Fürstengruft wurde ein zweiter „Schiller-Sarg" aufgestellt, etwas abseits, aber auch mit Schädel und Gebeinen. In aller Stille folgten Jahrzehnte später neue Untersuchungen. Doch erst die in jüngster Zeit mit modernsten Methoden in deutschen und österreichischen Labors sowie in einer US-amerikanischen Militäreinrichtung vorgenommenen Forschungen brachten Aufklärung. Zu den erstaunlichen Entdeckungen gehört nun, dass Froriep ausgerechnet einen weiblichen Schädel, den der Hofdame Luise von Göchhausen, als Schiller-Schädel identifizierte und in den zweiten Sarg legte. Und da der Dichter diese Dame überhaupt nicht mochte, ist gerade ihre Anwesenheit in seinem Sarg besonders fatal! In Bonn, Stuttgart, Möckmühl und Meiningen wurden

Fürstengruft auf dem Historischen Friedhof

Angehörige der Schiller-Familie exhumiert und ihre DNA untersucht, mit dem Ergebnis: In Weimars Särgen ist kein Schiller drin! In der Fürstengruft stehen nun wie ehedem die beiden Dichtersärge an ihrem historischen Platz, doch einer ist leer.

Und noch eine andere „Wunderlichkeit"! Am 23. Juni 1859 war die russische Großfürstin Maria Pawlowna gestorben. Sie wollte in Weimar bestattet sein und gleichzeitig in russischer Erde ruhen. Dieser Wunsch wurde ihr erfüllt. Aus St. Petersburg schaffte man Heimat-Erde herbei. Über diesem Hügel entstand eine zwiebeltürmige Begräbniskapelle von Streichhan als Anbau zur Fürstengruft. In ihr wurde die Großherzogin am 26. November 1862 nach russisch-orthodoxem Ritus beigesetzt. Ein unterirdischer Wanddurchbruch stellte die „Verbindung" zu ihrem Gemahl in der Fürstengruft her. Die Kapelle der Hl. Maria Magdalena wird von der hiesigen russischen Gemeinde genutzt.

Und wenn man sonntags in der Fürstengruft steht, hört man hinter der Mauer den orthodoxen Gesang.

Unmittelbar um die Gebäude herum trifft man auf die Gräber von Johann Peter Eckermann (1792-1854) und Stefan Sabinin (1789-1863). Der eine war Goethes Privatsekretär, der andere der Beichtvater der Großfürstin. Er hatte die Kapelle Maria Magdalena 1862 geweiht. Zahlreiche Ehrengräber befinden sich auch hinter der Fürstengruft, darunter das für den Insel-Verleger Gustav Kiepenheuer und für Prof. Hans Wahl, ab 1918 Direktor des Goethe Nationalmuseums. Ein Stück weiter entdeckt man den Hain für die „Seebachianer". Die Schauspielerin Marie Seebach (1829-1897) hatte eine Stiftung zugunsten pensionierter Bühnenkünstler ins Leben gerufen und in Weimar das Marie-Seebach-Stift bauen lassen. Das Euphrosyne-Denkmal erinnert an die 1797 verstorbene junge Schauspielerin

Grablege der Charlotte von Stein

Christiane Becker-Neumann. Goethe hatte die Elegie „Euphrosyne" auf ihren Tod geschrieben und sich für ein Denkmal eingesetzt. Das kam später an diesen Platz.

Wohin man sich wendet, auf Weimars Historischem Friedhof begegnet man überall vertrauten Namen. Gleich am Anfang der Lindenallee ruht Goethes Schwager Christian August Vulpius, Verfasser von „Rinaldo Rinaldini, der Räuberhauptmann", und links vor der Fürstengruft liegt Anna Amalias Leibkoch, François le Goullon. Dieser hatte das Büchlein „Der elegante Theetisch" und andere Fachliteratur herausgebracht, weshalb ihn Weimars Köche an seinem Geburtstag mit einem Blumenstrauß ehren.

An der westlichen Mauer liegen die Grabstätten des Hofkapellmeisters Johann Nepomuk Hummel, des Oberlandesbaumeisters Clemens Wenzeslau Coudray und der Goethe-Vertrauten Charlotte von Stein. Im Goethe-Familiengrab fehlen Christiane, Sohn August und natürlich der Dichter selbst. August Goethe starb 1830 in Rom, die Enkelin Alma 1844 an Typhus in Wien. Die Umbettung ihres Leichnams erfolgte 1885. Die schlafende Gestalt trägt Almas Züge.

Daneben fanden die Pädagogen und Philanthropen Johannes und Caroline Falk ihre letzte Ruhestätte. In Weimar hatten sie ein „Kinderhilfswerk" ins Leben gerufen. Den Grabspruch für seine Frau entwarf Johannes Falk: „Während Gott ihr sieben der eigenen Kinder nahm, war sie fremden Kindern eine Mutter." Auf dem Historischen Friedhof be-

Begräbniskapelle der Großfürstin Maria Pawlowna

finden sich auch die Erbbegräbnisse der Familien Herder-Stichling und Wieland. Der Dichter und seine Frau ruhen jedoch auf dem Landgut in Oßmannstedt.

Das Denkmal für die Märzgefallenen steht schon auf dem 1862 erschlossenen „neuen" Teil des Hauptfriedhofs. Es wurde am 1. Mai 1922 im Gedenken an die Opfer des Kapp-Putsches eingeweiht. Walter Gropius hatte es als „Blitzstrahl aus dem Grabesboden als Wahrzeichen des lebendigen Geistes" erklärt. 1935 wurde es teilweise gesprengt, nach dem Krieg wieder aufgerichtet.

Bauhausbauten und Universität

In der Geschwister-Scholl-Straße hat alles begonnen. Hier steht man vor den „Anfängen" des Staatlichen Bauhauses Weimar und somit vor dem Vorläufer und Namensgeber der Universität. Den (kleinen) **Van-de-Velde-Bau** schuf der belgische Architekt und Designer zwischen 1904 und 1906 für die Kunstgewerbeschule, deren Direktor er war. Der eingeschossige Gebäudekomplex besitzt Mansarden und große Atelierfenster. Er hat einen hufeisenförmigen Süd-Giebel und bildet im Grundriss ein „L". Besonders sehenswert sind die Innentreppe und die rekonstruierten Wandmalereien von Oskar Schlemmer. Im Erdgeschoss hatten die Bildhauer ihre Werkstätten. Heute gehen hier die Studenten der Fachrichtung Gestaltung ein und aus.

Ebenfalls 1904 begann man damit, für die 1860 gegründete Großherzogliche Kunstschule ein neues Domizil zu errichten. Auch dazu lieferte der Jugendstilarchitekt van de Velde den Entwurf. Das erste Gebäude entstand östlich zur Belvederer Allee hin. Dem schlossen sich später noch ein mittlerer und ein westlicher Bau an. 1911 war das **Hauptgebäude der heutigen Universität** vollendet. Trotz seiner Größe haftet dem streng und zweckmäßig erscheinenden Baukörper etwas „Leichtes", „Aufsteigendes" an. Das hat vor allem mit den breiten Atelierfenstern und den bis über die Dachtraufe hinaus reichenden Pfeilern des hervortretenden Mittelteils zu tun.

Im Vestibül steht die 1912 erworbene „Eva" von Auguste Rodin. Das ellipsenförmige Treppenwunder, gleichfalls von van de Velde entworfen, regt wie die weitläufigen, hohen Korridore zu vergnügtem Ausschreiten und schöpferischem Denken an. Das rekonstruierte Direktorenzimmer von Walter Gropius kann während einer Bauhausführung besichtigt werden. Gropius hatte zuletzt beide Schulen geleitet und sie 1919 zum Staatlichen Bauhaus zu Weimar vereint. Seine Hochschule für Gestaltung, Kunst und Technik wollte vor allem Ideenspender für Industrie, Handwerk und Gewerbe sein. Im Vordergrund der Ausbildung stand die Werkstattarbeit. Man war Lehrling oder Geselle beziehungsweise Meister.

1925 ging die Bauhaus-Ära in Weimar zu Ende. Otto Bartning führte die Schule als Staatliche Hochschule für Handwerk und Baukunst bis zu ihrer Auflösung durch den nationalsozialistischen Innen- und Volksbildungsminister im Jahre 1930 weiter. Danach trat der Bau- und Kulturideologe Paul Schultze-Naumburg als Direktor einer neuen Lehranstalt in Erscheinung. Nach dem Krieg wurde die Bauhochschule reorganisiert. 1996 ging aus der Hochschule für Architektur und Bauwesen die Bauhaus-Universität Weimar mit den Fakultäten für Architektur, Bauingenieurwesen, Gestaltung und Medien hervor.

Im Hauptgebäude sind das Rektorat sowie die Fakultäten für Architektur und Gestaltung untergebracht. Am Atelier beginnen mehrmals in der Woche die von Studenten angebotenen „Bauhaus-Spaziergänge". Der große dauert 2,5 Stunden und führt durch den Park an der Ilm sowie zum **Haus „Am Horn"**, das Georg Muche für die Bauhaus-Ausstellung 1923 als Musterhaus entworfen hatte und das sämtliche technische Neuheiten enthielt. Muche war der jüngste Meister am Bauhaus. Die Zimmer seines quadratischen Bungalows hatte er um einen Hauptraum angeordnet. Das in vier Monaten erbaute Haus war als „Keimzelle" künftiger

Der Neubau „Kubus"
der Bauhaus-Universität
gegenüber dem Hauptgebäude

Bauhaus-Siedlungen gedacht und befindet sich, wie die historischen Bauhausbauten, ebenfalls auf der Weltkulturerbeliste.

Hinter dem Hauptgebäude steht etwas zurückgesetzt das ockerfarbene **Haus Geschwister-Scholl-Straße 4**, in dem der Historienmaler Friedrich August Martersteig (1814-1899) wohnte und Harry Graf Kessler seine berühmte Cranach Presse betrieb. Mit der Belvederer Allee Nummer 58 begegnet man noch einer anderen „Ikone der Moderne": Hier erbaute der „Alleskönner" van der Velde für sich und seine vielköpfige Familie das **Landhaus „Hohe Pappeln"**. Garten, Haus und Atelier bilden ein Gesamtkunstwerk. Schönheit und Funktionalität gehen ineinander über, und immer bleibt dabei auch der Jugendstilkünstler sichtbar. Im Erdgeschoss sind seine Möbelentwürfe für die Familie von Münchhausen zu sehen.

Ein weiteres Meisterstück gelang Henry van de Velde mit dem **Nietzsche-Archiv „Villa Silberblick"** (Humboldtstraße 36). Zwei Jahre nach Nietzsches Tod am 25. August 1900 hatte dessen Schwester Elisabeth Förster-Nietzsche den Künstler mit der Neugestaltung des Erdgeschosses in der „Villa Silberblick" beauftragt. Hier befand sich das von ihr aufgebaute Nietzsche-Archiv und hier hatte der Bruder, geistig umnachtet, die letzten Jahre gelebt. Das von van de Velde geschaffene Raumensemble blieb fast vollständig erhalten. „Kultischer Mittelpunkt" ist die überlebensgroße Marmorherme von Friedrich Nietzsche, die Max Klinger nach der Totenmaske schuf.

Liszt-Haus

Das 1798 nach Plänen des Hofarchitekten Johann Friedrich Rudolf Steiner erbaute Gärtnerhaus in der Marienstraße war nicht die erste Weimarer Adresse von Franz Liszt. Zwischen 1850 und 1861 hatte der Hofkapellmeister in der „Altenburg" gewohnt, gemeinsam mit der noch verheirateten russischen Fürstin Carolyne von Sayn-Wittgenstein. Dieses nach einem Flurstück benannte palaisartige Wohnhaus bildete Weimars geistig-kulturelles Zentrum. Und was in der Kunst- und Gelehrtenwelt und darüber hinaus Rang und Namen hatte, traf sich hier. Höhepunkte waren die „Sonntagsmatineen", bei denen sowohl Liszt als auch seine Lieblingsschüler und Gäste spielten.

1859 starb die Gönnerin Maria Pawlowna. 1861 kehrte Liszt nach einem Zerwürfnis der Stadt den Rücken und folgte der Geliebten nach Rom. Hier hofften beide, dass Pius IX. ein Einsehen haben, Carolyns Ehe annullieren und wegen der „wilden Jahre" in Weimar ein päpstliches Auge zudrücken werde. Doch mitnichten. Erst 1868 kam Liszt wieder nach Weimar zurück. Allein. Großherzog Carl Alexander und seine Frau Sophie hatten sich lange um ihn bemüht. Ein Amt musste er nicht übernehmen. Als Lockmittel dienten vermutlich der kunstfreundliche Hof und das Gärtnerhaus am Park. Dort wohnte Liszt während der Sommermonate. Die übrige Zeit verbrachte er in Budapest oder Rom.

Der im ungarischen Raiding geborene Liszt war nicht nur ein exzellenter Klaviervirtuose, Dirigent und Komponist. Auch als Musikpädagoge leistete er Großes. In der Marienstraße versammelte er hochbegabte internationale Schüler wie Eugen d'Albert und führte heutigen Meisterkursen vergleichbare Ausbildungsformen ein. Liszt starb 1886 in Bayreuth. Dort lebte die uneheliche Tochter Cosima. Nach ihrer Scheidung heiratete sie Richard Wagner, den sie als Sechzehnjährige bei ihrem Vater in Weimar kennengelernt hatte.

Die Räume im Gärtnerhaus blieben unverändert, denn der Großherzog plante eine

Gedenkstätte für Liszt. Ein Jahr später wurde das Museum eröffnet und Pauline Apfel, die langjährige Haushälterin, führte – nun ohne Schürze, jedoch nicht ohne Ergriffenheit – die Gäste durch das Haus. Heute betreut die Klassik Stiftung Weimar das Museum. Zu besichtigen ist unter anderem das Wohn- und Arbeitszimmer des Komponisten in seiner ursprünglichen Gestalt. Den Konzertflügel schickte die Firma Bechstein, als Liszt hier einzog. Die beide Bereiche trennende Portiere ist ein Geschenk aus der Heimat und wurde in den ungarischen Nationalfarben gewebt. Ausgestellt sind persönliche Erinnerungsstücke, Büsten, Noten, Taktstöcke und Korrespondenzen, außerdem das sechs Oktaven umfassende „stumme" Reiseklavier, zwei Gesichtsmasken und der Abguss der rechten Hand.

In Weimar hatte Franz Liszt seine Karriere als Dirigent begonnen und viele seiner bekanntesten Werke geschaffen, wie die Dante- und die Faust-Symphonien, beide Klavierkonzerte und den Zyklus „Années de pelerinage". Die Memorialräume im Obergeschoss, die Vorhänge und Bezüge haben ihre ursprüngliche Farbgebung wiederbekommen. Im Erdgeschoss kann man an „Hörstationen" Klavier- und Orgelwerken des Komponisten lauschen und auf dem Bildschirm berühmte Konzerte sehen. Darüber hinaus lädt das Liszt-Haus zu Soireen ein, bei denen Studenten der hiesigen Hochschule auf dem Bechsteinflügel spielen.

Das Liszt-Haus am Eingang zum Park an der Ilm

Park an der Ilm

Der 9. Juli 1778 war der Namenstag der Herzogin. Gefeiert werden sollte im Grünen. Auf wüstem Gelände schuf Goethe mit Hilfe des Gärtners einen festlichen Platz. Die Kulisse bildeten ein Wasserfall und ein Glockenturm sowie eine strohgedeckte Einsiedelei als Requisit für ein allegorisches Spiel. Die junge Luise war begeistert! Und der Herzog wünschte sich danach nichts sehnlicher als einen Park – offen für jedermann, mit Denkmälern und künstlichen Ruinen und zu beiden Seiten der Ilm. Der Anfang war gemacht.

Im Verlauf von fünf Jahrzehnten entstand unter Mitwirkung von Carl August und Goethe der größte Landschaftspark des Herzogtums. Einbezogen wurden auch ältere Gartenanlagen. Die eine, der „Stern", verrät durch ihr Wegenetz noch den barocken Bezug. 1786 ließ Carl August den Park nach Oberweimar hin erweitern, Wege und Wiesen anlegen. Nach künstlerischen Gesichtspunkten wurde gepflanzt und gebaut. Sichtachsen entstanden, eindrucksvolle Bildfolgen und hinter jeder Wegbiegung ein neuer Blick.

Der Park an der Ilm, von Einheimischen auch Goethepark genannt, nimmt eine Fläche von 48 Hektar ein. Er ist zwei Kilometer lang und an einigen Stellen bis zu fünfhundert Meter breit. Man kann sich diese zum Weltkulturerbe zählende weitläufige Anlage von vielen Seiten her erschließen. Eine gute Möglichkeit bietet der „Einstieg" vom Schloss aus. Gegenüber von Turm und Torhaus zieht es einen in den Park hinein. Das ehemalige Reithaus zur Linken entstand im Barock und wurde 1803/04 durch Heinrich Gentz klassizistisch überformt. Heute gehört das sanierte Haus zur Europäischen Jugendbildungs- und Jugendbegegnungsstätte Weimar.

Obschon mehrfach erneuert, spüren sensible weibliche Seelen beim Anblick der Naturbrücke einen Kloß im Hals. Was Wunder: Hier trafen Christiane Vulpius und der Geheime Rat von Goethe erstmals aufeinander. Sie – einen Bittbrief des Bruders in Händen. Er – überrascht von der Natürlichkeit und der Lebenslust dieser jungen Frau! Ein Jahrzehnt zuvor war hier die siebzehnjährige Christel von Lasberg ins Wasser gegangen. Als man die Tote barg, lag ein Exemplar der „Leiden des jungen Werther" neben ihr. Goethe war erschüttert und wollte sofort einen Gedächtnisplatz anlegen. Unterstützt vom Hofgärtner Gentzsch höhlte er am Hang einen Felsen aus, half Treppen

Tempelherrenhaus

anlegen und schuf ein „seltsam Plätzgen", von dem aus die letzte Wegstrecke der Ertrunkenen zu überschauen war. Einmal habe er sogar „bis in die Nacht" hinein an der **Felsentreppe** und dem einem Nadelöhr vergleichbaren **Felsentor** gehämmert.

Wenn sich Carl August zurückziehen wollte, dann ging er in das **Borkenhäuschen** im Park. Ursprünglich als Einsiedelei errichtet, hatten er und Goethe, als Mönche verkleidet, der Herzogin darin zu ihrem Namenstag ein einfaches Süppchen serviert. Ein opulentes Festmahl erwartete sie dann freilich als Überraschung hinter dem Haus.

Zahlreiche Kleindenkmale aus klassischer und nachklassischer Zeit schmücken den Park. Gottlieb Martin Klauer schuf nach antiker Vorlage 1787 den **Schlangenstein**. Die sich in den Schwanz beißende Schlange verkörpert Kraft und Wiedergeburt. Das Original befindet sich gegenüber in Goethes Garten. „Dem Geist des Ortes", lautet übersetzt der lateinische Text. Die **Ruine** in unmittelbarer Nachbarschaft geht auf eine für die Schützengilde errichtete Kugelfang-Mauer zurück. Später bezog man sie in die Gestaltung des Parks ein und integrierte auch Teile aus dem abgebrannten Schloss: Fenstergewände, Wappen, ein gotisches Portal. 1791 kam es gar zu einer Ruinen-Erweiterung.

Für das **Shakespeare-Denkmal** von Otto Lessing war diese Kulisse geradezu ideal! 1904 eingeweiht, ist es das älteste Shakespeare-Denkmal auf dem europäischen Festland. Vor allem Wieland und Schiller trugen durch ihre Übersetzungen und Bearbeitungen dazu bei, dass Weimar zum Zentrum der Shakespeare-Rezeption werden konnte. Am 23. April 1864, dem 300. Geburtstag des Dichters, gründete sich in Weimar die Deutsche Shakespeare-Gesellschaft, die bis heute ihren Sitz in der Klassikerstadt hat.

Vom Park und von Shakespeare begeistert war auch Maria Pawlowna! Sommers lud sie

Shakespeare im Park

ins **Tempelherrenhaus** zum Tee. Dort ging es gesellig zu. Manchmal spielte auch Liszt. Später musizierten hier Strauss und Busoni. In den frühen Zwanzigern hatten einige Bauhäusler im Tempelherrenhaus ihr Atelier. Ursprünglich war es ein Gewächshaus, das 1786 zu einem „Gotischen Salon" umgebaut wurde. Goethe lieferte den Turmentwurf, Martin Klauer vier „Tempelherren" aus Holz für die Eckzinnen. Die gaben dem Gebäude den Namen. Später wurden sie durch Sandsteinfiguren ersetzt, deren Reste man noch an der Ruine sieht. Das Haus wurde im Zweiten Weltkrieg fast völlig zerstört.

Römisches Haus

Carl August mochte Porterbier und wollte eine eigene Brauerei. Der bergbauerfahrene Goethe sollte deshalb schon mal einen Kühlkeller anlegen und so entstand ab 1794 ein Stollennetz unter dem Park. Aus der Starkbier-Idee wurde am Ende doch nichts und die Stollen gerieten in Vergessenheit. Im Zweiten Weltkrieg dienten sie als Luftschutzkeller, fünfzig Jahre danach als Untertage-Museum. Inzwischen können Besucher der **Parkhöhle** einen der schönsten Travertin-Aufschlüsse zu Gesicht bekommen. Geboten wird ein spannender Ausflug in die Erdgeschichte, entweder selbstständig (kleine Runde!) oder unter sachkundiger Führung. Bei der größeren Route marschiert man unter der Belvederer Allee entlang, hat den sowjetischen Ehrenfriedhof über sich, das Tempelherrenhaus und noch einiges mehr. Der Zugang befindet sich hinter dem Liszt-Haus und ähnelt einem U-Bahnschacht. Zwölf Meter geht es in die Tiefe und in den Travertin. Das Thermometer zeigt konstant neun Grad. Und dass man in Weimar selbst unter der Erde und mit einem Blauhelm auf dem Kopf über Goethe spricht, verwundert nicht!

1902 wurde das **Franz-Liszt-Denkmal** enthüllt. Aus italienischem Carrara-Marmor schuf Hermann Hahn diese lebensgroße Figur. Mit der **Bronzebüste für Sandor Petöfi** wird noch ein weiterer Ungar im Park geehrt. Der 1848 im Freiheitskampf gegen die Habsburger gefallene Dichter war ein großer Bewunderer Goethes. Mór Jókai schrieb eine Ballade über Petöfis Tod. Franz Liszt vertonte sie später in Weimar.

Der fünf Meter hohe **Dessauer Stein** stammt aus einem Bruch an der Belvederer Allee. Seit 1782 erinnert der zweieinhalb Tonnen schwere Travertin-Block an Fürst Leopold III. Friedrich Franz von Anhalt-Dessau. Carl August und Goethe hatten den Fürsten mehrfach besucht und dabei sein Wörlitzer Gartenreich, das ihnen als Vorbild diente, ausgiebig studiert.

In Sichtweite steht **das Römische Haus**. Weil der Herzog nicht ewig in seinem Borkenhäuschen sitzen wollte, beauftragte er Goethe mit dem Bau eines gehobenen Gartenhauses. Und weil man einander so seelenverwandt war, ließ er ihm freie Hand. „Tue, als wenn Du für Dich bautest", schrieb ihm Carl August. Den Entwurf lieferte Johann August Arens, dem Goethe in Italien begegnet war.

Das herzogliche Sommerhaus ist der erste klassizistische Bau in Weimar und lässt durch Giebel- und Säulenanordnung sofort an einen römischen Tempel denken. Die Gestaltung der Innenräume oblag dem Dresdner Architekten Christian Friedrich Schuricht. An der künstlerischen Ausgestaltung beteiligten sich Johann Heinrich Meyer und Georg Melchior Kraus.

Das Römische Haus wurde erst im Kulturstadtjahr wieder eröffnet. Da kein authentisches Mobiliar existiert, muss man die Räume pur auf sich wirken lassen und den Vier-Seiten-Blick in den Park genießen. Seit 2013 ist das zur Erstausstattung des Hauses gehörende Porträtgemälde der Herzogin Anna Amalia zurück. Das von Angelika Kauffmann 1788/89 geschaffene Bild galt als verschollen. Ein Jahr lang wird nun das Original im Stadtschloss gezeigt, bis es ab 2014 die Kopie im Römischen Haus ersetzt. Im Untergeschoss befindet sich eine Dauerausstellung zum Park an der Ilm.

Über die nach einem früheren Gartenbesitzer benannte Duxbrücke kommt man auf die andere Parkseite. Das gelänge einem auch ein Stück flussabwärts über die 14 Meter lange **Schaukelbrücke**. Kinder wie Erwachsene seien allerdings schon gewarnt: Wer viel gelogen hat, bekommt einen Denkzettel. Sobald er die Mitte erreicht hat, prüft die Brücke – und schwingt. Auf dem Corona-Schröter-Weg, benannt nach der Schauspielerin, die Goethe nach Weimar geholt hatte, gelangt man direkt zu Goethes Gartenhaus.

Goethes Gartenhaus

Goethes Gartenhaus

An seinem Garten und dem Gartenhäuschen hat Goethe zeitlebens gehangen! Mit einundachtzig ließ er noch das von Coudray entworfene weiße Tor anbringen und ein pompejisches Kieselstein-Mosaik verlegen. Vier Wochen vor seinem Tod kam er ein letztes Mal an diesen Ort.

Das Gartenhaus, ehemals ein Küferhaus, schenkte ihm der Herzog, um ihn in Weimar zu halten. Carl August übernahm auch die Kosten für die Möbel, die der Hoftischler Mieding anfertigte. Kaum ein Tag verging, an dem sich Goethe in Briefen, Gesprächen, Tagebucheinträgen nicht zu seinem Gärtchen äußerte. Der Brieffreundin Auguste von Stolberg in Holstein teilte er ebenso sämtliche Gartenneuigkeiten mit wie Charlotte von Stein, gleich drüben an der Ackerwand. Der einen schrieb er am Abend des 18. Mai 1776, dass er den Burschen soeben entlassen habe und nun das erste Mal in seinem Garten zu schlafen gedenke. Die andere erfuhr sofort nach dem Aufwachen, wie es ihm in der Nacht ergangen war. „Zum erstenmal im Garten geschlafen, und nun Erdtulin für ewig", schilderte er seine Stimmung und brachte dabei das elsässische Waldwesen mit ins Spiel. Seinem Brief legte er auch eine Probe vom ersten selbst geernteten Spargel bei. Einmal schrieb er „mit beschmierten Baumwachsfingern", weil er gerade seine Obstbäume versorgt „und die Räuber abgedrückt" hatte.

Sechs Jahre wohnte Goethe in seinem Gartenhaus und so manches Gedicht, mancher Text, manche Zeichnung entstand hier. 1782 erfolgte der Umzug in die Stadt. Doch der „Garten am Stern" und das Haus darin blieben für ihn ein wichtiger Rückzugsort. Hier traf er Freunde und Freundinnen, die Herzogin und immer wieder Charlotte von Stein, die er mit den ersten Frühlingsblumen bedachte, mit Schneeglöckchen im März, mit Veilchen im April, mit Rosen im Mai. An ihrem Lieblingsplatz hatte er eine Steinplatte mit dem Gedicht „Hier gedachte still ein Liebender ..." anbringen lassen. Ebenfalls für sie war der „Stein des guten Glücks" gesetzt worden, den er nach der Schicksalsgöttin Tyche „das gütige Geschick" nannte. Der Sandsteinkubus steht für das Beständige, die Kugel darauf für das Wandelbare, Schicksalhafte.

Am 12. Juli 1788 traf Goethe Christiane Vulpius im Park. In den folgenden Wochen lag das Gartenhaus häufiger an ihrem Weg und wurde zum heimlichen Liebesnest. Im nächsten Frühjahr waren beide wieder im Garten und pünktlich zum Weihnachtsfest, am 25. Dezember 1789, wurde der gemeinsame Sohn August geboren, dessen Kinder später des Großvaters Äpfel aßen.

Das weißgraue Haus am Hang war schon bald nach Goethes Tod eine Pilgerstätte und ist es bis heute geblieben. Die zu besichtigenden Räume sind sparsam möbliert und greifen größtenteils auf authentische Objekte aus Goethes Sammlungen und Besitz zurück. Erinnert wird vor allem an die frühen Weimarer Jahre, von der Ankunft des Dichters bis zu seiner Flucht nach Italien 1786. Unter den Einrichtungsgegenständen befindet sich neben einem weitgereisten Klappbett auch das Stehpult mit Sitzbock. An ihm schrieb Goethe seinen „Egmont" und die „Metamorphose der Pflanzen", arbeitete am „Willhelm Meister", an der „Italienreise" und am „Faust".

Anlässlich des Kulturstadtjahres 1999 entstand als Kunstprojekt eine Gartenhaus-Kopie unweit des Originals. Im Gegensatz zu diesem konnte man im anderen alles besitzen und berühren und sah vom Stehpult ins Freie hinaus. Das kann man noch immer: Der Gartenhaus-Zwilling steht in Bad Sulza, rund 30 Kilometer von Weimar entfernt.

Kegelplatz

In Weimar steht das erste **Albert-Schweitzer-Denkmal** der Welt! Die Bronze-Gruppe von Gerhard Geyer zeigt den Urwalddoktor mit Tropenhelm und Arbeitsschürze und an seiner Seite eine afrikanische Mutter mit ihren Kindern. Das Denkmal wurde im Herbst 1968 eingeweiht, drei Jahre nach Schweitzers Tod und im Beisein seiner ältesten Mitarbeiterin Mathilde Kottmann. Seit 1984 besteht, ebenfalls am Kegelplatz, eine **Gedenk- und Begegnungsstätte**, die Schweitzers Namen trägt. Die Ausstellung, inzwischen von Studenten der Bauhaus-Universität neu gestaltet, bietet „Schweitzer zum Anfassen" und informiert multimedial über das Leben und Wirken des elsässischen Theologen, Tropenmediziners, Schriftstellers und Organisten, der 1953 in Oslo den Friedensnobelpreis entgegennahm.

Albert Schweitzer ist nie in Weimar gewesen. Durch seine lebenslange Beschäftigung mit Goethe, Bach und Nietzsche fühlte er sich der Stadt aber auf besondere Weise verbunden. Schweitzer galt als einer der bedeutendsten Bachkenner und Orgelinterpreten. 1908 erschien sein Standardwerk über den Komponisten. Und wie Goethe, so war auch Johann Sebastian Bach für ihn oft der große „Tröster" und „Ermutiger" bei der Arbeit im Urwald. Sein Verhältnis zu Goethe als Dichter und Mensch umriss Schweitzer in vier Reden, so im März 1932 im Frankfurter Opernhaus.

Die Gedenk- und Begegnungsstätte ist in dem spätbarocken Musäus-Haus untergebracht. Hier hatte der Schriftsteller, Märchendichter und Sagensammler Johann Carl August Musäus bis zu seinem Tod 1787 gelebt. Auch über ihn, der hinter den Fenstern im Obergeschoss an seiner fünfbändigen Ausgabe der „Lieder der Deutschen" gearbeitet hatte, erfährt der Besucher einiges in diesem Haus.

Das dem Schloss gegenüberliegende repräsentative Gebäudeensemble wurde ab 1873 nach Plänen von Ferdinand Streichhan als **Marstall** errichtet. Hier standen auch die Ställe der großherzoglichen Post- und Kurierstation. Nach 1920 zogen Ministerien in die

Haupttor des Marstalls am Kegelplatz

Gebäude ein. Im Dritten Reich befanden sich die Gestapo-Zentrale und ein Gefängnis auf dem Gelände. Heute lagern hier Bestände des Thüringischen Hauptstaatsarchivs. Bei der letzten Sanierung riss man die Gestapo-Baracke und das Gefängnis ab, „zerkleinerte" den Schutt und verteilte ihn als „zermahlene" Geschichte zwischen den markierten Fundamenten im Hof.

Der Kegelplatz dürfte seinen Namen nach den angespitzten Pfählen erhalten haben. Sie sollten, zu einem Palisadenzaun verbunden, Stadt und Schloss an dieser Stelle schützen. Über die Kegelbrücke gelangt man ans jenseitige Ufer zur Altenburg hinüber, wo Liszt und seine Geliebte lebten, zum Goethe-Schiller-Archiv und natürlich in den Park an der Ilm.

Bienenmuseum und Feininger

ER (der Goethe) hat das Flugloch im Kopf! Bei IHM (dem sächsisch-weimarischen Soldaten) sausten sie aus der Gürtelschnalle oder flogen durch einen Schlitz ins Knie. Das Deutsche Bienenmuseum in Oberweimar besitzt die deutschlandweit größte Sammlung von Bienenbeuten. Und neben den gängigen Kasten-, Korb- und Ständerbeuten sind es vor allem die aus einem Stamm gehauenen, beschnitzten und figürlichen Bienenstöcke, die den Betrachter begeistern. Da sind zupackende Landfrauen und edle Damen, Muselmanen mit hölzernem Turban und vier Fluglöchern im Bauch. Ein kleiner Napoleon, ein großer Kosak ...

In Deutschlands ältestem Bienenmuseum erfährt man alles aus der Welt der Biene und der Geschichte der Imkerei. Das Museum wurde von dem „Thüringer Bienenvater" und Pastor Ferdinand Gerstung gegründet und zog 1910 als „Reichs-Bienenzucht-Museum" in das Posecksche Haus (Museum für Ur- und Frühgeschichte). Seit 1957 befindet es sich im ehemaligen Landgasthof „Goldener Schwan" in Oberweimar.

Vor dem Eingang steht der 2,60 Meter große Goethe der Bildschnitzerin Birgit Jönsson. Der Dichter hat eine Glasscheibe im Rücken, dahinter wimmelt ein Bienenschwarm! Im Museumshof befindet sich eine Klotzbeute aus Eiche, bestückt mit jenen Rähmchen, die Gerstung erfand. Die Beute ist das Geschenk dankbarer Imker zum 150. Geburtstag des Bienenvaters im März 2010. Oberweimar bildet mit Ehringsdorf einen Ortsteil von Weimar. Ein beliebtes Motiv für Fotografen und Maler ist der alte Dorfkern mit der Bogenbrücke von 1720 und der Kirche St. Peter und Paul. Die ging aus einem Zisterzienserkloster hervor und wurde später barock umgestaltet. Den Flügelaltar schuf der Cranach-Schüler Veit Thim.

Brücke und Kirche gehörten zu den Lieblingsmotiven von Lyonel Feininger. Im Februar 1906 war der Zeichner nach Weimar gereist, um seine spätere Frau Julia Berg zu besuchen. Schon damals entstanden die ersten Skizzen von Weimar und Oberweimar. Im März kam Feininger wieder, mietete ein Atelier und blieb ein halbes Jahr. Weimar wurde für ihn die „Stadt seines Lebenswunders". Mit Julia, die an der hiesigen Kunstschule studierte und ihn in die Malerei einführte, begab er sich, oft per Rad, auf Motivsuche und dabei immer wieder nach Oberweimar und in die Umgebung. „Es gibt Kirchen in gottverlassenen Nestern, die mit das Mystischste sind, was ich von sogenannten Kulturmenschen kenne!", schrieb er 1913 an Alfred Kubin. Der 30 Kilometer lange Feininger-Radweg führt an die Lieblingsorte des Deutsch-Amerikaners. Auch nach Tiefurt, nach Mellingen und nach Gelmeroda. Die dortige Kirche (heute Autobahnkirche Nr. 7 mit einer Feininger-Ausstellung) hat den Künstler lebenslang beschäftigt.

Stadtrundgänge

Vom Bahnhof in die Innenstadt

Bahnhof – Carl-August-Allee – Gauforum – Goetheplatz – Graben – Teichgasse – Scherfgasse – Schillerstraße

Hell und heiter empfängt der Bahnhof den Neuankömmling. Das Gebäude erhielt sein heutiges Aussehen nach 1912. Der Vorplatz trägt den Namen des Sozialdemokraten August Baudert, der am 9. November 1918 die Abdankung des Großherzogs ausgehandelt hatte. Die Carl-August-Allee führt direkt auf den Rathenauplatz, der als Mittelpunkt des neuen Stadtviertels geplant war. Die Villa mit Goldtürmchen zur Linken hatte ein Kaufmann 1888 bauen lassen; das Hotel Kaiserin Augusta entstand zur gleichen Zeit. Es wurde nach einer Tochter des Großherzogs Carl Friedrich und der Großfürstin Maria Pawlowna benannt. Das Gasthaus „Bratwurstglöck'l" (Carl-August-Allee 17a) existierte schon 1870. Auswärtige Handwerker kehrten hier gern ein. Die Glockengießer aus Apolda brachten dem Wirt eine Bronzeglocke mit. Die hängt, mit einer Inschrift versehen, noch heute über der Tür.

Das Neorenaissance-Gebäude Nummer 8/10 von 1886 war für Jenny von Pappenheim vorgesehen, die ein uneheliches Kind von Napoleons Bruder Jérôme Bonaparte war und der wir interessante Schilderungen aus dem Goethe-Haus verdanken. Die Landesanstalt für Umwelt und Geologie unterhält hier eine Außenstelle, was die „Gesteins-Schule" im Vorgarten erklärt. Gegenüber steht das den kämpferischen Reichstagsabgeordneten betonende Denkmal von Ernst Thälmann. Der aus Hamburg stammende KPD-Vorsitzende wurde 1944 im KZ Buchenwald ermordet. 1958 kam das Denkmal von Walter Arnold auf den „Platz der 56 000", der seit 1991 Buchenwaldplatz heißt. Der Text an der Mauer rückt den kommunistischen Widerstand gegen das Nazi-Regime in den Vordergrund.

Das Stegmannhaus (Nummer 9) an der Ecke war das erste Gebäude, das 1866 zwischen dem Bahnhof und dem im Bau befindlichen Neuen Museum entstand. Auf dem Terrakotta-Fries erzählen humorvolle Szenen vom Museumsbau. Vergnügte Putten ziehen den Geheimrat auf einem Wägelchen zum Bauplatz. Der ist in Weimar selbst

„Gänsemännchenbrunnen"

als Toter immer dabei! Die Carl-August-Allee führt in ihrer Verlängerung am ehemaligen Gauforum (Weimarplatz) vorbei und geht in die Karl-Liebknecht-Straße über. Was an der Ecke zum Goetheplatz hin wie ein Schlösschen aussieht, ist Coudrays 1825 erbaute Bürgerschule (heute Musikschule). Die klassizistische Brunnensäule ziert ein lesender Knabe; ein Detail vom August-Hermann-Franke-Denkmal des Bildhauers Daniel Rauch.

Vom Goetheplatz folgt man dem Gehweg Am Graben. Hier verlief die Stadtmauer. Das Falk-Denkmal erinnert an die „Gesellschaft der Freunde in der Not", die Johann Daniel Falk im Jahre 1813 für Kriegswaisen gegründet hatte. Für seine Schützlinge dichtete er ein Drei-Feiertags-Lied für Weihnachten, Ostern und Pfingsten. Jede Strophe begann mit der Zeile „O du fröhliche!"; sein Mitarbeiter fügte noch zwei weihnachtliche Strophen hinzu. Nach der Melodie eines italienischen Marienliedes gesungen, wurde daraus unser fröhlichstes Weihnachtslied.

Der Teichgasse folgt man, am Delphinbrunnen vorbeikommend, in die Kleine Teichgasse. Die Geleitschenke an der Ecke ist heute ein beliebtes Schwarzbierhaus. Den Brunnen (Monogramm „MP") hat Maria Pawlowna gestiftet. In der Scherfgasse 5 verweist eine Schauwerkstatt (Pavillon-Presse) auf eine alte Tradition und erinnert an so wichtige Verleger wie Hoffmann und Bertuch. In der Scherfgasse 3 kann man historische Puppen und Puppenstuben besichtigen und jenen Pavillon besuchen, in dem Charlotte von Stein mit Goethe Tee trank. Als Charlotte Schardt wurde die spätere Hofdame Anna Amalias 1742 in diesem Haus geboren. Den „Mutter und Kind"-Brunnen an der Ecke Geleitgasse/Rittergasse gab es damals noch nicht. Adolf von Donndorf hat diese großartige Bronzegruppe seiner Geburtsstadt aus Dankbarkeit geschenkt. Bemerkenswert ist an dieser Stelle alles. Sogar die Gestaltung des Pflasters!

Lesender Knabe vor der Musikschule

Das Eckhaus an der Am Palais genannten kurzen Gasse steht auf den Mauern des Franziskanerklosters. Hier hatte Luther auf dem Wege zum Verhör in Augsburg anno 1518 gewohnt.

Am Wittumspalais vorbei gelangt man in die Schillerstraße. Dem Wohnhaus des Dichters gegenüber sprudelt der „Gänsemännchenbrunnen". Goethe hatte den 1550 geschaffenen Nürnberger Brunnen vor Augen, von dem er 1814 einen Abguss erbat und der später verlorenging. Die jetzige, 1864 aufgestellte Kopie stammt von Maria Pawlowna, und das Bäuerlein hält eigentlich zwei Enten in den Armen.

Von Uni zu Uni

Fürstenhaus – Ackerwand – Seifengasse – Frauenplan – Wielandplatz – Marienstraße – Bauhaus-Universität

Der Nacktsamer ist männlich und steht gleich hinter dem Fürstenhaus. Goethe hat dem Vielbewunderten ein Gedicht gewidmet, weshalb man zuweilen auch vom Goethebaum spricht, wenn man den Ginkgo biloba meint. Das Weimarer Prachtexemplar wurde um 1820 gepflanzt. Ein Denkmal in der Nähe des Bibliotheksturms erinnert an Alexander Puschkin, der ein großer Verehrer Goethes war. In dem lang gestreckten zweigeschossigen Barockgebäude Ackerwand 25/27 befand sich ab 1777 die Dienstwohnung des Freiherrn von Stein, bei dessen kluger und feinsinniger Gattin sich der junge Goethe recht wohl gefühlt haben muss.

Durch die schmale Seifengasse mit ihren malerischen Häuschen – der Oppelsche Gartenpavillon von 1730 ist durch das Tor zu sehen – gelangt man zum Frauenplan. Auf der nach dem Krieg unbebaut gebliebenen Fläche erinnert der (im Sande) „Versinkende Riese" von Walter Sachs an Goethes Beschäftigung mit fernöstlichen Kulturen.

In der Brauhausgasse Nummer 13 wohnte Johann Peter Eckermann, der getreue Chronist und Mitarbeiter an der Werkausgabe, bis 1832. Hier entstanden seine „Gespräche mit Goethe". In Gespräche über das Alte Weimar kann man auch schnell im Geschenkeladen in der Nummer 4 verwickelt werden, obwohl man sich eigentlich von dem Ginkgo-Blatt an der Fassade und der Keramik der vom Bauhaus beeinflussten Künstlerin Hedwig Bollhagen (1907-2001) angelockt fühlte!

Vom Frauenplan gelangt man zum Wielandplatz. Das Denkmal schuf der Wiener Bildhauer Hanns Gasser. Die Enthüllung fand, wie die des Goethe-Schiller-Denkmals, anlässlich des 100. Geburtstages von Groß-

Haus der Frau von Stein (Ackerwand 25/27)

„Versinkender Riese" am Frauenplan

herzog Carl August am 4. September 1857 statt. Seither trägt dieses Wegekreuz den Namen des Dichters.

Am Wielandplatz beginnt auch die nach Maria Pawlowna benannte Marienstraße. In der Nummer 1 hatte Christoph Martin Wieland von 1777 bis 1792 gewohnt. In der zweiten Hälfte des vorvorigen Jahrhunderts zog hier der Hoffotograf Louis Held ein. Der heutige Inhaber des beliebten Ateliers erinnert in seinen Schaukästen an den bedeutenden Chronisten, der ab 1882 alles, was in Weimar Rang und Namen besaß, abgelichtet hatte, darunter auch Gropius, van de Velde, den Naturapostel Gustaf Nagel und immer wieder die großherzogliche Familie und Franz Liszt.

Marienstraße 5/7 war das Jägerhaus, in dem vor allem Forstbeamte wohnten, von 1789 bis 1792 aber auch Goethe mit Christiane und ihren Verwandten. Hier entdeckt man eine Tafel für den vierbeinigen Weimaraner, jenen vortrefflichen Vorstehhund, den man im Großherzogtum besonders schätzte und züchtete. Im Haus Nummer 8 lebte der Hofkapellmeister Johann Nepomuk Hummel von 1823 bis zu seinem Tod im Jahre 1837. In der Marienstraße befinden sich verschiedene Einrichtungen der Bauhaus-Universität, zu deren Hauptgebäude man auf diesem Wege auch gelangt.

In der Nummer 18 aber, ein dem Liszt-Haus gegenüberliegender und 1818 von Wenzeslaus Coudray entworfener klassizistischer Bau, wohnte seit 1860 die Schriftstellerin, Malerin und Tierpsychologin Mathilde von Freytag-Loringhoven mit ihrem Dackel Kuno von Schwertberg. Dieser sorgte unter dem Namen „Kurwenal" für Aufsehen, nicht nur in Weimar, und ging aufgrund seiner Intelligenz in die Dackelgeschichte ein. Kurwenals Grab befindet sich rückseitig, vom Hauptgebäude der Bauhaus-Universität nicht weit entfernt.

Seifengasse

Ausflüge in die Umgebung

Gedenkstätte Buchenwald

Der Glockenturm des Mahnmals ist weithin zu sehen und erinnert an die Janusköpfigkeit der Stadt. Von 1937 bis 1945 befand sich auf dem Ettersberg das größte Konzentrationslager Deutschlands. Anfangs für Regimegegner, Kriminelle, Juden und Homosexuelle bestimmt, wurde das KZ Buchenwald zunehmend ein Lager für Kriegsgefangene und Verschleppte aus anderen Ländern Europas. In 146 Außenkommandos schufteten sie für die Rüstungsindustrie, bis sie starben. Es fanden Massenerschießungen, medizinische Experimente und Folterungen statt. 1944 trafen die ersten Frauen-Transporte ein. Von den 250 000 Häftlingen kamen mehr als 50 000 um. 28 000 wurden 1945 noch auf Todesmärsche geschickt. Nur 21 000 erlebten die Befreiung am 11. April 1945. Das Mahnmal, vor allem aber die Gebäude, musealen Einrichtungen (Arrestzellenbau, Krematorium, Kammergebäude) und Außenanlagen führen das Grauen vor Augen. Seit 1990 wird auch der 7 000 Toten des bis 1950 existierenden sowjetischen Speziallagers 2 gedacht.

Schiller und Goethe waren gern auf dem Ettersberg, denn Berg, Schloss und Park bildeten einen eigenen „Musenhof". Seit 1999 führt eine 1,3 Kilometer lange „Zeitschneise" von der Ettersburg bis vor das Lagertor und zeigt, wie nahe Geist und Schönheit, Verbrechen und Barbarei in Weimar beieinander liegen.

Gedenkstätte Buchenwald: Mahnmal von 1958 mit Glockenturm

Schloss und Park Tiefurt

Wo die Ilm ihren schönsten Bogen schlägt, liegt Tiefurt! 1775 zog Prinz Constantin auf das Kammergut, ließ das Pächterhaus zum Schlösschen ausbauen und entwickelte mit Ludwig von Knebel eine Gartenidee. Nach 1780 machte Anna Amalia den ländlichen Flecken zum Mittelpunkt ihrer Tafelrunden und Tiefurt für 26 Jahre zum Sommersitz. In dieser Zeit entstand jener malerische Landschaftspark, dessen Anblick den Besucher noch heute rührt. Das Schlösschen erinnert mit seinem Interieur an Tiefurts hohe Zeit.

Im Park Tiefurt

Schloss Belvedere

Belvedere („Schöne Aussicht") hatte sein Vorbild in Wien. Angesichts des großartigen Ausblicks auf das Tal und die Stadt könnte man sich keinen treffenderen Namen denken. Um 1730 hatte der Barockbaumeister Gottfried Heinrich Krone zwei Fasanenhäuser durch ein Hauptgebäude verbunden. Mittig setzte er noch eine Kuppel mit einem „Belvedere" auf. Unter Carl Augusts Sohn und dessen Gemahlin Maria Pawlowna wurden die Parkanlagen verschönert und aus dem Schloss ein Hort der Kultur und glanzvoller Sommersitz. Sehenswert sind die hufeisenförmig angelegte Orangerie (1739-1753) und der Rote Turm (Ausblick!).

Der Russische Garten ist eine Reminiszenz an den Garten in Pawlowsk, Irrgarten und Heckentheater erinnern an andere Vergnügungen. Maria Pawlowna nutzte Belvedere zuletzt als Witwensitz. Das Schloss beherbergt mit seinem Rokokomuseum eine reichhaltige Sammlung an Porzellan und Fayencen, an Gemälden, Möbeln und Schmuck. Mit Park und Orangerie gehört Schloss Belvedere ebenfalls zum UNESCO-Welterbe-Schatz.

Wielandgut Oßmannstedt

Das barocke Gutshaus diente der Herzogin Anna Amalia und ihren Söhnen von 1762 bis 1775 als Sommersitz. 1798 erwarb Christoph Martin Wieland das zehn Kilometer von Weimar entfernte Landgut und nannte es „Osmantium". Hier hatte er als Dichter und Übersetzer eine höchst produktive Zeit. Wieland gilt als der Wegbereiter der Deutschen Klassik. Das restaurierte Landgut beherbergt eine Forschungsstätte und ein Museum, und im Kaminzimmer sieht man das Häubchen, das der Dichter so gerne trug.

Rad- und Wanderwege

Der *Feininger-Radweg* (30 Kilometer) führt an jene Orte um Weimar, an denen Lyonel Feininger selbst gern Rad fuhr und seine Lieblingsmotive fand. Der *Goethewanderweg* beginnt am Frauenplan und endet im Süden nach 28 Kilometern vor dem Wasserschloss in Großkochberg, dem einstigen Landsitz der Familie von Stein. Auf dem *Ilmtal-Radwanderweg* gelangt man über Tiefurt zum Schloss Kromsdorf sowie zum Wielandgut und zum Wielandgrab in Oßmannstedt und erreicht nach insgesamt 16 Kilometern das Glockenmuseum in Apolda.

Öffnungszeiten • Adressen • Tipps

Informationen

Tourist-Information Weimar GmbH
Markt 10, 99423 Weimar
Tel.: (03643) 745-0, Fax: (03643) 745-420
Email: tourist-info@weimar.de
Internet: www.weimar.de
Öffnungszeiten:
April bis Oktober Mo bis Sa 9.30-19 Uhr, So und Feiertage 9.30-15 Uhr
November bis März Mo bis Fr 9.30-18 Uhr, Sa, So und Feiertage 9.30-14 Uhr
Informationsstand der Klassik Stiftung Weimar und der Gedenkstätte Buchenwald

Tourist-Information im Welcome-Center
Friedensstraße 1, im Weimar-Atrium
Öffnungszeiten:
ganzjährig Mo bis Sa 10 bis 18 Uhr

Angebote (Auswahl):
- Auskünfte zu Kultur- und Freizeiteinrichtungen, Tickets für Veranstaltungen
- Stadtrundgänge für Einzel- und Gruppenreisende, thematisch, in verschiedenen Sprachen und im Kostüm
- barrierefreie Rundgänge
- Stadtführungen per Rad oder Inlineskatern
- Ausleihstation für multimediale Stadtführung in drei Sprachen
- Zimmervermittlung, WeimarCard
- Kutschfahrten, Belvedere Express

Öffentliche Führungen:
- Großer Stadtrundgang
März bis Oktober täglich 10 und 14 Uhr, Sa auch 16 Uhr, November bis Februar 11 Uhr (Dauer 2 Stunden, buchbar in 9 Sprachen, Treffpunkt: Tourist-Information)
- Kirchenführung St. Peter und Paul
März bis Oktober Mo bis Fr 17 Uhr, November/Dezember Mo bis Fr 14 Uhr
(Treffpunkt: Herderplatz)

Klassik Stiftung Weimar
Besucherinformation und Führungsdienst
Frauentorstraße 4
Tel.: (03643) 545-400, Fax: 419816
Email: info@klassik-stiftung.de
Öffnungszeiten:
Mo bis Fr 9 bis 16 Uhr
Sa, So und Feiertage geschlossen

*Informationsstand
in der Tourist-Information Weimar*
Markt 10, Tel.: (03643) 545-400, Fax: -409
Öffnungszeiten: April bis Oktober Mo bis Sa 9.30-19 Uhr, So 9.30-15 Uhr
November bis März Mo bis Fr 9.30-18 Uhr, Sa/So 9.30-14 Uhr

Öffentliche Museumsführungen
- Schillers Wohnhaus Mi, Fr, Sa 13 Uhr
- Goethes Wohnhaus/Goethe-Nationalmuseum Di, Do, Fr 13 Uhr
- Liszt-Haus Sa 13 Uhr
- Wittumspalais So 11 Uhr
- Bauhaus-Museum Mo und So 13 Uhr
- Schlossmuseum Weimar Sa 11 Uhr

Parkführungen (April bis Oktober)
- Park an der Ilm Fr 14 Uhr,
inklusive Goethes Garten Sa 11 Uhr
- Schlosspark Belvedere So 11 Uhr
- Schlosspark Tiefurt Sa 14 Uhr

Museen/Gedenkstätten

Albert-Schweitzer-Gedenkstätte
Kegelplatz 4, Tel.: (03643) 202739
Öffnungszeiten:
April bis Oktober Mo bis Fr 11-17 Uhr
November bis März Mo bis Fr 11-16 Uhr

Bauhaus-Museum
Theaterplatz, Tel.: (03643) 545621
Öffnungszeiten: Mo bis So 10-18 Uhr

Bauhaus-Spaziergänge (von Studenten)
Tel.: (03643) 583000
April bis November Di, Do bis So 13.30 Uhr ab Bauhaus-Museum (Theaterplatz 1) und 14 Uhr ab Bauhaus, Atelier (Geschwister-Scholl-Straße 6 a)
Dezember bis März Fr/Sa 13.30 Uhr ab Bauhaus-Museum und 14 Uhr ab Bauhaus, Atelier

Deutsches Bienenmuseum Weimar
Ilmstraße 3, Tel.: (03643) 901032
Öffnungszeiten: Mi bis So/Feiertag 10-18 Uhr, Winterzeit bis 17 Uhr

Gedenkstätte Buchenwald
Tel.: (03643) 430-0, Fax: (03643) 430100
Öffnungszeiten:
April bis Oktober Di bis So 10-18 Uhr
November bis März Di bis So 11-16 Uhr
Mo geschlossen, Gelände begehbar

Ginkgo-Museum World of Classic
Windischenstraße 1, Tel.: (03643) 805452
Öffnungszeiten: Mo bis Fr 10-17.30 Uhr, Sa/So/Feiertag 10-15.30 Uhr

Goethes Gartenhaus
Corona-Schröter-Weg, Tel.: (03643) 545375
Öffnungszeiten:
April bis 15. Oktober Mi bis Mo 10-18 Uhr
16. Oktober bis März Mi bis Mo 10-16 Uhr

Goethe-Nationalmuseum mit Goethes Wohnhaus
Frauenplan 1, Tel.: (03643) 545347
Öffnungszeiten: April bis 15. Oktober Di bis Fr, So 9-18 Uhr, Sa 9-19 Uhr, 16. Oktober bis März Di bis So 9-16 Uhr

Goethe-Schiller-Archiv
Hans-Wahl-Straße 4, Tel.: (03643) 545-240
Öffnungszeiten:
2. Januar bis 20. Dezember Mo bis Do 8.30-18 Uhr, Fr 8.30-16 Uhr
Führungen: Sa 15 Uhr, So 14 Uhr

Haus „Am Horn"
Am Horn 61, Tel.: (03643) 904054
Öffnungszeiten:
März bis Oktober Mi/Sa/So 11-17 Uhr

Haus Hohe Pappeln
Belvederer Allee 58, Tel.: (03643) 545965
Öffnungszeiten:
April bis Oktober Di bis So 11-16 Uhr

Herzogin Anna Amalia Bibliothek
Platz der Demokratie 1
Kartenbestellung:
Tel.: (03643) 545400, Fax: 419816
Email: info@klassik-stiftung.de
Öffnungszeiten:
Di bis So 10-14.30 Uhr
Gruppen nach Anmeldung
Studienzentrum Mo bis Fr 9-21, Sa 9-16 Uhr

Historischer Friedhof
(Fürstengruft, Russische Kirche)
Öffnungszeiten: April bis 15. Oktober 10-18 Uhr, 16. Oktober bis März 10-16 Uhr

Kunsthalle Weimar „Harry Graf Kessler"
Goetheplatz 9 b, Tel.: (03643) 82600
Öffnungszeiten: Di bis So 10-17 Uhr

Liszt-Haus
Marienstraße 17, Tel.: (03643) 545400
Öffnungszeiten:
April bis 15. Oktober Di bis So 10-18 Uhr
16. Oktober bis März Di bis So 10-16 Uhr

Museum für Ur- und Frühgeschichte Thüringens
Humboldtstraße 11, Tel.: (03643) 818-300
Öffnungszeiten: Di 9-18 Uhr, Mi bis Fr 9-17 Uhr, Sa/So/Feiertage 10-17 Uhr

Neues Museum Weimar
Weimarplatz 5, Tel.: (03643) 545-400
Öffnungszeiten:
April bis 15. Oktober Di bis So 11-18 Uhr
16. Oktober bis März Di bis So 11-16 Uhr

Weimarhaus
Auf 500 qm wird der „Mythos Weimar" auf spannende Weise und unvergesslich erklärt.
Schillerstraße 16, Tel.: (03643) 901890
Öffnungszeiten: April bis September 9.30-18.30 Uhr, Oktober bis März 9.30-17.30 Uhr

Nietzsche-Archiv
Humboldtstraße 36, Tel.: (03643) 545-400
Öffnungszeiten:
März bis Dezember Di bis So 11-17 Uhr

Palais Schardt mit Goethe-Pavillon Historische Puppen und Puppenstuben
Scherfgasse 3, Tel.: (03643) 902279
Öffnungszeiten: März bis Oktober Di, Do, Fr, Sa 13-16 Uhr, Nov./Dez. Di, Fr, Sa 13-16 Uhr, Januar/Februar Fr, Sa 13-16 Uhr

Parkhöhle
Tel.: (03643) 545-400
Öffnungszeiten: Di bis So 10-12 und 13-16 Uhr, vom 28. März bis 15. Oktober bis 18 Uhr, am 1. Januar geschlossen

Pavillon-Presse Weimar
Scherfgasse 5, Tel.: (03643) 53544
Öffnungszeiten: Mo 10-17, Fr 9-16 Uhr

Römisches Haus
Im Park an der Ilm, Tel.: (03643) 545-400
Öffnungszeiten:
April bis Oktober Mi bis Mo 10-18 Uhr (16. bis 31. Oktober nur bis 16 Uhr).

Schillers Wohnhaus und Schillermuseum
Schillerstraße 12, Tel.: (03643) 545-400
Öffnungszeiten: April bis 15. Oktober Di bis Fr, So 9-18 Uhr, Sa 9-19 Uhr, 16. Oktober bis März Di bis So 9-16 Uhr

Schlossmuseum
Burgplatz 4, Tel.: (03643) 545-400
Öffnungszeiten:
April bis 15. Oktober Di bis So 10-18 Uhr
16. Oktober bis März Di bis So 10-16 Uhr

Stadtmuseum Weimar im Bertuchhaus
K.-Liebknecht-Str. 5-9, Tel.: (03643) 82600
Öffnungszeiten: Di bis So 10-17 Uhr

Wittumspalais
Theaterplatz, Tel.: (03643) 545-400
Öffnungszeiten:
April bis Oktober Mi bis Mo 10-18 Uhr
November bis März Mi bis Mo 10-16 Uhr

Schloss Belvedere
Tel.: (03643) 545-400
Öffnungszeiten Schloss: April bis Oktober Di bis So 10-18 Uhr (16. bis 31. Oktober nur bis 16 Uhr); *Orangerie:* Januar bis April Mi bis So 11-16 Uhr

Schloss Tiefurt
99425 Weimar-Tiefurt, Hauptstraße 14
Tel.: (03643) 545-400
Öffnungszeiten: April bis Oktober Mi bis Mo 10-18 Uhr (16. bis 31. Okt. nur bis 16 Uhr)

Wielandgedenkstätte Oßmannstedt
99510 Oßmannstedt, Wielandstraße 16
Tel.: (03643) 545-400
Öffnungszeiten:
April bis Oktober Di-So 10 bis 18 Uhr
November bis März Sa/So 10-16 Uhr

Kirchen

Jakobskirche
Am Jakobskirchhof 9, Tel.: (03643) 904575
Öffnungszeiten: April bis Okt. 10-16 Uhr, So ab 11 Uhr, Nov. bis März 11-15 Uhr

Stadtkirche (Herderkirche)
Herderplatz, Tel.: (03643) 903182
Öffnungszeiten: April bis Oktober Mo bis Fr 10-18 Uhr, Sa 10-12 und 14-16 Uhr, So 11-12 und 14-16 Uhr

Autobahnkirche Nr. 7 in Gelmeroda
Öffnungszeiten: täglich 8-20 Uhr; Lichtskulptur Do bis So bei Dunkelheit

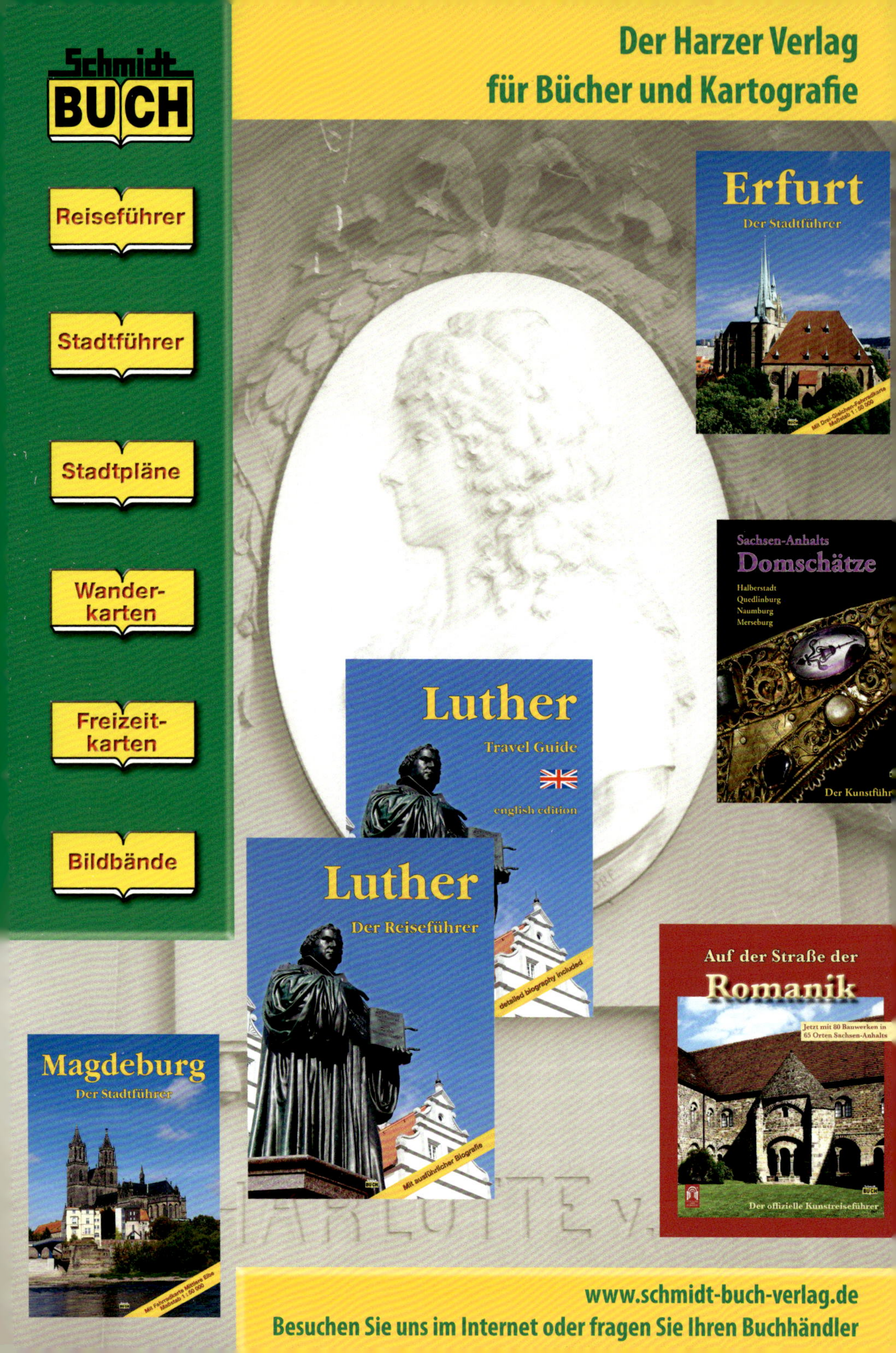

Der Harzer Verlag für Bücher und Kartografie

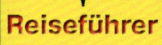
Reiseführer

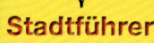
Stadtführer

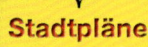
Stadtpläne

Wanderkarten

Freizeitkarten

Bildbände

www.schmidt-buch-verlag.de
Besuchen Sie uns im Internet oder fragen Sie Ihren Buchhändler

Titelbild: Goethe-Schiller-Denkmal auf dem Theaterplatz
Foto Seite 2: Am Geleitbrunnen in der Geleitstraße, Ecke Scherfgasse
Foto Seite 77: Schloss Belvedere

Bibliografische Information Der Deutschen Nationalbibliothek
Die Deutsche Nationalbibliothek verzeichnet diese Publikation in der Deutschen Nationalbibliografie; detaillierte bibliografische Daten sind im Internet über http://dnb.ddb.de abrufbar.

Es fotografierte Thorsten Schmidt
Bildarchiv der Klassik Stiftung Weimar: S. 8, 13, 14, 19, 20, 47, 49, 50
Ev.-Luth. Stadtkirche St. Peter und Paul, Jürgen M. Pietsch (Foto): S. 31

Lektorat: Marion Schmidt

© aller kartografischen Werke by Schmidt-Buch-Verlag Wernigerode; Nachdruck oder Kopien jeglicher Art nur mit schriftlicher Genehmigung des Verlags.

© 2008 by Schmidt-Buch-Verlag
Die Winde 45; 38855 Wernigerode; Tel.: (0 39 43) 2 32 46, Fax: (0 39 43) 4 50 10
E-mail: info@schmidt-buch-verlag.de
4., aktualisierte Auflage 2013, 16. - 20. Tsd.
Layout und Bildbearbeitung: Schmidt-Buch-Verlag, Wernigerode
Druck und Weiterverarbeitung: Grafisches Centrum Cuno GmbH & Co. KG

Internet: www.schmidt-buch-verlag.de

ISBN 978-3-936185-50-8

Straßenverzeichnis

Ackerwand .... C 4
Amalienstraße .... B 5
Am Horn .... D/E 4/5
Am Jakobskirchhof .... B/C 2
Am Kirschberg .... C/D 1/2
Am Markt .... C 3
Am Palais .... B 3
Am Poseckschen Garten ... B 5
Am Schießhaus .... D/E 2
Asbachstraße .... A/B 2
August-Frölich-Platz .... A 4

Bad Hersfelder Straße .... A 2
Bauhausstraße .... C 5/6
Beethovenplatz .... C 4
Belvederer Allee .... C/D 6/7
Berkaer Straße .... C 6
Bertuchstraße .... A/B 1/2
Böttchergasse .... B 3
Bornberggasse .... C 3
Brauhausgasse .... B/C 4
Brennerstraße .... B/C 1
Brühl .... C 2
Burgplatz .... C 3/4

Carl-August-Allee .... B 1/2
Corona-Schröter-Weg . D/E 4-6
Coudraystraße .... A/B 3
Cranachstraße .... A/B 5

Der Stern .... D 4
Dingelstedtstraße .... B 4

Eckermannstraße .... B 6
Eisfeld .... B/C 3
Erfurter Straße .... A/B 3/4
Ernst-Thälmann-Str. .... B 1/2

Falkstraße .... A 1/2
Ferdinand-Freiligrath-Str. . C 2
Frauenplan .... C 4
Frauentorstraße .... C 4
Friedensgasse .... B 2
Friedensstraße .... C/D 2
F.-Naumann-Straße .... A/B 1/2

Geleitstraße .... B 3

G.-Hauptmann-Straße ... A/B 3
Geschw.-Scholl-Str. .... B/C 5
Goetheplatz .... B 3
Graben .... B/C 3
Gropiusstraße .... B 4
Große Kirchgasse .... B/C 2/3
Grüner Markt .... C 3

Haeckelstraße .... C 6
Hans-Wahl-Straße .... D 3
Hegelstraße .... B 4/5
Heinrich-Heine-Straße ...... B 3
Hellerweg .... E 3
Henßstraße .... A 5
Herderplatz .... C 3
Herm.-Abendroth-Straße ... A 3
Hinter der Badestelle .... C 3
H.-von-Fallersleben-Str. .... A 4
Humboldtstraße .... A/B 4/5
Hummelstraße .... B 4
Hundegasse .... C 3

Jakobsplan .... C 2
Jakobstraße .... C 2/3
Jenaer Straße .... D/E 3

Karl-Haußknecht-Str. .... B 5/6
Karl-Liebknecht-Straße ..... B 2
Karlstraße .... B 3
Kaufstraße .... C 3
Kegelplatz .... C 3
Kleine Kirchgasse .... B 2
Kleine Teichgasse .... B/C 3
Kollegiengasse .... C 4

Leibnizallee .... D/E 3
Lisztstraße .... A 4/5
Luthergasse .... C 3

Marienstraße .... C 5
Markt .... C 4
Marktstraße .... C 3
Marlene-Dietrich-Straße .... E 3
Marstallstraße .... C 3
Mostgasse .... C 3
Müntzerstraße .... A 5
Musäusstraße .... D/E 3

Neugasse .... B/C 4

Obere Schlossgasse .... C 3

Platz der Demokratie .... C 4
Prellerstraße .... A 4/5
Puschkinstraße .... C 4

Rathenauplatz .... B 1
Richard-Strauss-Straße .... A 3
Rittergasse .... B/C 3
Rollgasse .... B 2
Rollplatz .... B 2
Rosmaringasse .... B/C 3
Rothäuserbergweg .... D 3
Rudolf-Breitscheid-Str. ... B 5/6

Scherfgasse .... B 3
Schillerstraße .... B/C 4
Schlossgasse .... C 3
Schubertstraße .... A/B 4/5
Schützengasse .... B 4
Schwanseestraße .... A/B 2/3
Seifengasse .... C 4
Spitalweg .... C 1
Stern .... D 4
Steubenstraße .... A/B 4

Teichgasse .... C 3
Theaterplatz .... B 3
Theodor-Hagen-Weg ..... B 5/6
Tiefurter Allee .... D/E 2/3
Trierer Straße .... A/B 4/5

UNESCO-Platz .... B 2
Untere Gerberstraße .... C 3

Vorwerksgasse .... C 3

Wagnergasse .... C 2
Washingtonstraße .... A 2/3
Weimarplatz .... B 2
Wielandplatz .... B/C 4
Wielandstraße .... B 3
Windischenstraße .... B/C 4

Zeughof .... B 3